每天一堂易經課

180則心流靜心的人生智慧

吳進輝——著

〈作者序〉

君子以朋友講習成就易博通境界

中華國學易經文化研究會創會理事長　吳進輝

生命如果只是「竹下落，葉之隕」，在沉寂之前，是否也該發出一點飄落的響聲。作為一位傳承經典智慧的易經教授與人師，在生命落幕前應該留下什麼？《每天一堂易經課》是作者繼詮釋易經的《思維易經》，易經應用的《讀易衍義》，深入淺出的《微易經》之後的第四本易經著作。《每天一堂易經課》與《微易經》兩本書相互發用，相輔相成，有如鳥之雙翼。

南宋詩人之冠的陸遊說：「文章本天成，妙手偶得之。」作者的《每天一堂易經課》應該就是陸遊所說的妙手偶得之。作者治學嚴謹，貫通東西方哲學，著作近兩百萬字，都是靈感所至的即興創作。好的文章創作，必須兼具四個條件：一、長期累積的生活經驗；二、深刻的哲學思考；三、生命淬煉的機緣；四、靈感泉水的湧現。四個條件都具備，才能夠厚積薄發，混然天成的創造出精彩的文章。

作者是易經學家也是國學家，是兩千多年來研究《易經》的學者中，真正像文王、孔子一樣，能夠掌握《易經》符號系統密碼的少數學者之一，因此才能夠創造性的詮釋《易經》文本，深入精髓。四十幾年來始終以「明師」的身分自我期許，傳授正宗易經絕學與國學給有緣的學生。孔子一生有志難伸，孟子一生懷才不遇，做為伏羲、文王、孔子、孟子、老子、莊子的私淑弟子，我盡得他們思想的精華，學以致用。魏晉詩人陶淵明，在逝世的前三個月，回顧一生，感慨萬千，於是寫下〈自祭文〉。在〈自祭文〉的結尾，陶淵明悲愴的問蒼天：「人生實難，死如之何？嗚呼哀哉！」陶淵明一生壯志未酬，只能歸隱田園，在孤寂中了其一生，雖然死而無恨，但深藏在內心深處的悲愴，又有誰知？所以只能無語問蒼天：「人生實難，死如之何？」孟子說：「趙孟之所貴，趙孟能賤之。」生命中的軒冕之尊或名利權位，豈能長久？只有能夠堅持原則，瀟灑放棄軒冕之尊的人，才能彰顯非凡的生命光景。

「四十年來勤讀書，日間揮灑夜間思，冗繁削盡留殘影，寫到盡時是生時。」《每天一堂易經課》是作者一生追求易經智慧最後的一本著作。做為一位易經學家與作家的使命，就是把自己領悟的經典智慧寫下來，就算同一個時代的人不了解，也沒有關係，也不必在意。如果百千萬年後，遇見知音可以了解，這就像穿越時空，眼前立刻遇到一樣，莊子稱為「旦暮遇之」。「旦」是天亮的時候，「暮」是日落的時候，旦暮是一天的意思。旦暮就是朝夕，比喻短暫的時間，所以「旦暮遇之」就像眼前立刻遇到一樣。

「易博通」是修學易經過程中達到易簡、博大、通達的功夫境界。易簡是乾坤的代名詞，「易」是乾卦剛健不息的功夫，「簡」是坤卦厚德載物的功夫，易簡兩個字就代表《易經》剛柔並濟的功夫。換句話說，易博通就是《易經》功夫境界論的剛柔、博大與通達。

《每天一堂易經課》與《微易經》思路前後一致，智慧一以貫之，是專門為普羅大眾所寫的易經智慧小品，文字淺顯易懂，完全口語化，每一篇文章都是淬煉的智慧結晶，讀者可以當做床頭書，隨意選篇閱讀，都能拾得《易經》的實用智慧。《先知》詩人紀伯倫說：「什麼是美？美就是見到他，就甘願為他付出一切。」作者祝福閱讀本書的讀者，都能走向自由之路，恢復完整的生命。

《每天一堂易經課》是作者生命落幕前，最後一本「流動哲學智慧」的隨筆集。用經典的智慧來幫助世人，溫暖世人的心靈，始終是作者一生的心願。這本嘔心瀝血撰寫的經典智慧小品集，涵蓋的生命智慧非常廣泛，讀者輕鬆閱讀，應該可以溫暖在複雜多變的人世間所受到的挫折、壓力、沮喪、失落、痛苦、悲傷等等心情，啟發你人生的進退應對之道，幫助你人生更加逍遙自在。

古人說：「太上有立德，其次有立功，其次有立言，雖久不廢，此之謂三不朽。」作者一生談不上立德，也配不上立功，只能致力於立言。作者解讀過《易經》，書名為《思維易經》，側重在《易經》文本的詮釋。衍義過《易經》，書名為《讀易衍義》及《微易經》，著重在《易經》的生活應用。作者引退之前的最後一本《易經》相關著作，書名為《每天一堂易經課》，是一本具有療癒力量的易經智慧小品，希望能夠分享渡過生命大海的易經智慧。孔子第三十二代孫，著名經學家孔穎達說：「立言謂言得其要，理足可傳，其身既沒，其言尚存。」作者一生解讀經典，以闡發義理內涵及生命體悟為立言宗旨，應已符合孔穎達立言的標準：「言得其要，理足可傳」。一生所創作經典智慧書籍近兩百萬字，耗時十五年，都是自己「經典人生」學、思、行歷程的心得與足跡。書稿將完成時，賦詩一首：

落日餘暉逝不遠，
一抹斜陽照城頭，

腹中乾坤藏不住，
隨筆揮灑留後世。

作者一生從年輕到年老，主要做五件事：讀書、演講、講學、寫作與諮商。生活簡單淡薄，堪稱是道道地地的讀書人，也是專門幫人解決問題的人。「君不見走馬川行雪海邊，平沙莽莽黃入天。」多少掌聲，多少勞累，多少歡心，回首前塵，終究走過的只留下心跡，有形的表演與成果還是鏡花水月一場空，「人生有情淚沾臆，江水江花豈終極？」

《每天一堂易經課》的順利完稿要感謝中華民國律師公會全國聯合會前理事長謝文田大律師，學養俱佳的石朝穎、楊仕哲、龔袓元、曾彥魁、鄭文達、王天政等大學教授，以及退休國文教師余紀華對作者的鼓勵、肯定與推薦。同時也要感謝商周出版總編輯程鳳儀的鼎力協助，以及編輯同仁們的用心設計與編排，本書才得以順利付梓。尚祈海內外同好不吝指教，希望能如孔子在《易經》兌卦《大象傳》中所說的：「君子以朋友講習」。

CONTENTS｜目　錄

第二章 頤養之道動靜合宜，蛻變為知行合一「君子」

第三章 生命是實踐易道的歷程，生生不息成就最大的美

第四章 運用恰到好處的處世態度，避免世間煩惱

第五章 適時而生，適時而去，求得「安身立命」

第六章 時運未到不強出頭，內心單純清淨，迎向圓滿

第一章

領悟循環反復的天地變化之道，找到生命定位

1 《易經》「大人」的真正意涵

《易經》所謂「大人」之「大」，不是身體之大，不是地位之大，不是氣勢之大，也不是權力之大。

大人的「大」是胸襟之大，是器識之大，是視野之大，是包容之大，是智慧之大，是德行之大。所以《易經》讚美大人說：「夫大人者，與天地合其德，與日月合其明，與四時合其序，與鬼神合其吉凶，先天而天弗違，後天而奉天時」。

由此可見，《易經》的「大人」是指智慧已經覺悟，德行已經修養到圓滿境界，與天地同大的人。

2 天道與人道的圓滿

《易經》元、亨、利、貞的意涵，就天道來說，「元」是指天創造萬物。「亨」是指萬物具有同一個來源，以根源而言，萬物是相通的。「利」是指萬物都各自有其功能，只要適得其所，都能有所展現。「貞」是指萬物都只能存在一段時間就會毀滅，然後又進入另一個創造的開始，如此生了又生，生生不息。

元、亨、利、貞，就人道而言，「元」是指創新，做任何事業或任何事情，一開始就要走對方向，才能出奇制勝。「亨」是指通暢無阻，因為走對了方向，做對了事情，當然順利通達。「利」是指獲得階段性的成果。「貞」是指先盤整一下再出發，蓄積能量以便再創造另一個事業高峰。

總而言之，《易經》元、亨、利、貞四德具全，就代表天道與人道的圓滿。

3 《易經》的太極辯證思維

萬物都分陰陽，而且陰中有陽，陽中有陰，陰極轉陽，陽極轉陰，正反互為其根，在一定的條件下將互相轉化。陰陽之間不是完全沒有融通的可能，陰或陽若擴張過度，陰極會轉陽，陽極會轉陰。

所謂「太極辯證思維」，是指客觀的必然性與主觀的能動性是辯證統一的。《易經》太極思維一方面講天道，承認客觀規律的必然性，強調依理順勢。另一方面卻也講人謀，突顯人的主體能動性，教導人們在面對急劇變化的環境及逆境的挑戰中，應有的自處之道。

如果我們缺乏對客觀規律性的認識，那麼我們主體的能動性就難以有效的發揮。同理，如果我們缺乏主體能動性的充分發揮，那麼我們對客觀的規律性就難以徹底的認識。客觀的規律性與主體的能動性兩者應該是相反相生，相輔相成的。

古人習慣用「天」、「道」等象徵符號，來表達自然界與人類社會的客觀規律，我們應該捨棄他們的表述形式，而採取他們的內在涵意。

「思維」的深刻意涵，包括如何想，怎麼想，如何做，怎麼做。因此，「怎麼想」比「怎麼做」重要，因為我們的怎麼想會決定我們的怎麼做。

我們在做策略時，往往以為「做什麼」才是策略，孰不知「不做什麼」也是策略。好的策略性思維，必須要能宏觀整體思考，也就是「有無」並觀，「利害」兼思。所以孫子說：「是故智者之慮，必雜於利害，雜於利而務可信也，雜於害而患可解也」。孫子能成為古今中外最傑出的兵法家，也是因為他具有《易經》太極辯證思維的緣故。

4 超絕的結果必然是孤絕

一個人崛起的力道有多強，付出的代價就有多高，造成的傷痛就有多深。《易經》綜卦的原理，就是在詮釋一體的兩面同時俱生的道理，得與失，譽與毀，成與敗，順與逆，總是相伴而生，所謂「譽之所至，謗亦隨之。」成功也是失敗之母。

當我們站在孤峰頂上夠高了，夠久了，夠富了，是否應該回望紅塵失敗受苦的眾生。一個爬上高峰的人往往忘了是多少人的墊底，多少厚度的支撐，才能將他推向高點。如果不能坦然面對這個真實，正視傷痛的痕跡，那麼超絕的結果必然是孤絕。

5 生逢其時，死得其所

《易經》認為人生行事有三大標準，一、用陰陽的觀點，二、以自然為標準，三、作合理的判斷。

過去已經過去，代表「不變」，所以應該既往不究。未來還未來到，充滿不測，千變萬化，代表「變化」。現在則是正在發生中，有變有不變，可變可不變，代表「變通」。太極就是有所變，有所不變，變與不變同時存在。換句話說，就是以不變的原則來應付萬變的現象，站在不變的立場來變，才不會亂變。

變通有三個原則，一、權不離經，二、權不損人，三、權不多用。「權」就是權變，變通的意思。學習《易經》的受用，就低層次而言，可以幫助人趨吉避凶，就高層次而言，可以幫助人放下吉凶，達觀自在。

《易經》用六十四卦來象徵宇宙人生的六十四種情境，六十四卦純陽、純陰的只有乾坤兩卦，其他六十二卦都是有陰有陽，稱為「雜七雜八」。《易經》認為事情開始時，時比位重要，所以要「生逢其時」，所以第一爻稱為「初」，初意同始，是時的概念。事情結束時，位比時重要，所以要「死得其所」，因此第六爻稱為「上」，上是下的相反意，是位置或空間的概念。

易經有六十四卦，每一個卦的排列由下而上，都是從開始的「初六」或「初九」，到結束的「上六」或「上九」，沒有例外。

6 諸葛孔明，堪稱是小過卦謹小慎微的典範

《易經》六十四卦中以大命名者，有大畜卦、大過卦、大有卦、大壯卦四個卦。以小命名者，只有小畜卦、小過卦兩個卦，沒有小有卦，也沒有小壯卦。

沒有小有卦，是因為大有卦除了富有的表面意思以外，也有「大家都有」的潛藏意涵。既然主張平權思想的大家都有，就不可能允許少部分的人壟斷與私有，所以沒有小有卦。

沒有小壯卦，是因為大壯卦已經過壯，太過陽剛了，容易惹事生非，必須以柔濟剛，理性調控，所以沒有小壯卦。

大過卦已經積重難返，生存機會本來就不大，只能硬著頭皮做最後一搏，或許還有一線生機，所以接續在大過卦後面的是象徵危險的坎卦，及象徵光明的離卦。從死亡邊緣的大過卦，到大放光芒的離卦，必須過得了中間這個坎，否則也是滅亡等在前面，難怪漢朝人要把大過卦叫做棺槨卦或死卦。

與大過卦相比，程度相對輕微的小過卦之所以還有希望，除了表面上的過失不大

以外，小過卦的積極意義在於謹小慎微，有過必改，有過即改，絕不掉以輕心，或積小過而成大過。所以，接續在小過卦後面的是代表象徵成功的既濟卦。三國時代的諸葛孔明，堪稱是小過卦謹小慎微的典範。孔明因劉備的信任，所二十七年來所蓄積的能量、才學，一下子全表現出來。

7 未可知，奈何天

《易經》兌卦有喜悅和毀折兩個意思。兌加心旁成悅，為喜悅；兌加金旁成銳，為毀折。

《易經．說卦傳》說兌為妾，為羊。羊有柔與狠的雙重性情。《詩經．羔羊》中在稱讚有為有守的為官大夫，因此羊有忠孝節義的美德意涵。

另外《史記．項羽本紀》以「猛如虎，狠如羊，貪如狼」來形容項羽。《莊子．漁父》中也說：「知道過失而不肯改過，聽到規諫不但不接受，反而更變本加厲的人叫做狠」。

羊與羊打架時也是十足的狠勁，以角相牴，不到對方受傷毀折，絕不罷休。為妾之人，柔時甜言蜜語，嫵媚多姿；狠時一點也不留情，不達目的，絕不善罷甘休。

《易經》大壯卦第五爻爻辭說：「喪羊於易，無悔。」此處之羊在解釋時可通「陽」字，喪羊即喪陽。在大壯卦陽剛過盛時，需要以柔來濟剛，調和過剛之陽，以便達到中和的狀態，如此可避免受到毀折的傷害，所以說無悔。

大壯卦卦象恰為兌卦單卦的放大版，所以大壯卦有兌卦意涵，因而有羊之象，恰恰有壯而狠之意。第六爻結局更遭：「羝羊觸藩，不能退，不能遂，無攸利，艱則吉」進退不得。

十二地支中的未與十二生肖的羊相配，羊通「陽」也通「祥」，到底會陽盛傷己，還是吉祥如意，真是未可知，奈何天。

8 《易經》節卦取象精妙

竹子以「節」為限，每生長到一個階段就盤旋成「節」，逐步以此方式漸長漸高，成語稱為「節節攀升」。

竹子的形狀是中空而外直，中空象徵君子的內心「虛空無我」，外直象徵君子的行為「耿直不欺」，內空外直是典型君子「高風亮節」的特徵。

《易經》節卦取象精妙，深蘊奧義，演示天人節奏律則，活靈活現，令人窮於讚嘆！二十四節氣，完全是古人依照四時運行及生命繁衍的節奏規律而制定，精準而到位，毫無半點想像與誇張。

9 《易經》四大難卦

《易經》有四大難卦，依照卦序分別為屯卦、坎卦、蹇卦、及困卦。這四大難卦的卦象都有坎卦，坎為危險，為陷溺，有危險的意思。

人生不可能永遠一帆風順，就算有艱難險阻擋在前面，只要懂得配合時機、時勢，用柔順的態度來面對，就能在艱難中知所進退，趨吉避凶了。

《易經》稱為「時用」，稱為「利西南」，就是這個意思。「時用」即配合時機，「利西南」即用柔順的態度。

孟子說：「行有不得者，皆反求諸己。」又說：「仁者如射，射者正己而後發，發而不中，不怨勝己者，反求諸己而已矣。」《易經》也說踫到困難時，君子要「反身修德」。

遇到困難時，首先要自我反省，先省察看看，眼前的困境是否是自己造成的？有時困境的產生是來自於自己的缺乏節制或約束所造成的。再來也要用心思索有什麼化解困境的方法，這就是反求諸己或反身修德的意思。

凡事應先責己而不是怨人，即便難題不是自己造成的，也要忍耐等待適當的時機，再順勢用柔解決。如果一味採取躁進逞強的態度，不但不能解決問題，可能更加使自己陷入泥沼而脫困不得，所以老子也主張「柔弱勝剛強」，以及「柔弱者生之徒」等見解。

10 是巧合還是玄機

《易經》上經重天道，泰卦及否卦論述客觀形勢的自然消長，排在上經的第十一和第十二卦。《易經》下經重人道，損卦及益卦談論人的主觀能動性，及人為努力，排在下經第十一卦和第十二卦。

這樣的卦序安排，不知是巧合？還是聖人的暗藏玄機？而且從卦變的原理來看，下經的第十一卦損卦是從上經的第十一卦泰卦變來；下經的第十二卦益卦是由上經的否卦變來，又是巧合？還是玄機？

《易經》教導我們處於客觀形勢通泰無阻的時候，要知道泰極不能再益，將會轉損，所以更應謙沖自損，才能持盈保泰。反之，處於客觀形勢否塞不通的時候，知道否極何能再損，因此要奮發增益，期能扭轉乾坤，再造新局。

《尚書》說：「滿招損，謙受益。」也是同樣的道理，老子也說：「反者道之動」，向對立面發展，是事物運動的必然規律，因而又說：「物或損之而益，或益之而損。」

人生何時該損，何時當益，應該完全配合客觀形勢而定，不可拘泥不變。處於損卦的格局時，當損則損，處於益卦的格局時，當益則益，才是真功夫。

人生行事除了要發揮自己的主觀能動性，也要知道如何掌握客觀形勢的變化，才能隨心所欲不逾矩。

11 做真實的人活出真正的自己

人生是一場表演，或一連串的表演嗎？做為一個稱職的演員，必須依照劇本，按照拍片計劃，在每一個場景中，講出對的台詞，製造出對的效果、吸引人的效果與動人的效果。演什麼，要像什麼，這樣就已經完成自己的角色職責。

演員無須去對劇本的內容做價值判斷，除非他要給自己保留接戲與否的空間。人在生命的過程中是否也只要做個好演員就夠了，不必慎選角色？一個不慎選角色的人生是對的人生嗎？是有價值有意義的人生嗎？

如果我們真正已經認識自己，那麼在短暫的生命中，就知道有的角色我們要堅定把握，有的角色我們要不假思索並勇敢割捨。胡亂接受角色的扮演，就算表演的再出色，最終也只是浪費寶貴的生命而已，因為沒有活出真正的自己。

活出自己不需要劇本，不需要導演，不需要表演，只需要聽聽自己內心深處的聲音，然後如實呈現就好。沒有刻意，沒有制約，沒有目的，像溪水自然流過，像小鳥自然飛過。

老子說要無為，無心而為，《易經》說要无妄，沒有妄念，沒有妄行，莊子說要做真人，真實的人，不是表演的假人。演員是工具人，生命是分散的，真實的人是純粹的，生命是整全的。

活出真正的自己其實不難，二十世紀最偉大的西方哲學家海德格（Martin Heidegger）說真正的存在必須是「屬己性的存在」，一個屬己性存在的人，就是活出真正自己的人。

12 人是走向死亡的存有者

德國著名哲學家海德格說：「人是走向死亡的存有者」，年老了意識到自己距離死亡愈來愈近時，愈能體會海德格的這句名言，也愈能體會唐朝詩人白居易詩句的意境：「化作憔悴翁，拋身在荒陋，坐看老病逼，須得醫王救，唯有不二門，其間無夭壽。」

同時也更能體會《易經》離卦九三爻所說的深刻意涵：「日昃之離，不鼓缶而歌，則大耋之嗟，凶。」昃是太陽西斜，日昃就是日落的意思。離卦象徵光明，走到九三爻即將日落西山，光明熄滅，是來日不多的意思。大耋是七老八十，已經年老的意思。人生必然走到日薄西山的境地，如果不能樂天知命，安時處順，不以物喜，不為己悲，而終日貪生畏死，哀愁怨嘆，不知道敲擊瓦器唱歌，自得其樂，以這樣的悲傷來終老，只能說是咎由自取了。

真正明白「人是走向死亡的存有者」這個道理，就會珍惜每一天，活的實在，活的自在，活的有意義，活的有價值。

13 聰明反被聰明誤

商鞅、韓非、吳起、蘇秦、張儀等人都很聰明，但都不得善終。可見聰明有時候也會成為殺死自己的工具，因為以為自己很聰明的人，往往會剛愎自用，吝於改過，做不到孔子的四絕功夫：「子絕四，毋意，毋必，毋固，毋我」。

《易經》蒙卦有蒙蔽及啟蒙的雙重意涵，不是只有愚笨的人會蒙蔽，聰明的人有時候也會在某一個關鍵地方，某一個關鍵時刻，仗恃著自己的聰明，犯了當局者迷，旁觀者清的蒙蔽而不自知。

聰明的人不會有接受高人指點、啟蒙的想法，因為他認為自己就已經夠聰明了，哪需要軍師，哪需要策士，這正是聰明人的盲點，而這個盲點終究會在某一個時間點，某一件決策上，成為自己的死穴而葬送自己。

14 元亨利貞的循環反復

《易經》元亨利貞四德，分別是創始、通達、合宜、正固的意思。先元後亨，再利，然後貞，貞下再啟元，宇宙就是這樣循環反復，生生不息。

「元」：乾元具有無窮的創生力，因此有生生，生了又生，生生不息的意思。乾元創生萬物，使萬物「存在」，這就是最大的善。所謂「落紅不是無情物，化作春泥更護花」，就是生生的意思。乾卦代表生命力的創造開始，只有乾卦可以說創始，六十四卦的其他卦只能說開始。

「亨」：萬物都由乾元所創生，都來自於乾卦，有共同的來源，所以彼此可以相通。亨就是亨通、相通的意思。萬物的靈性可以打成一片，所以莊子說：「通天下一氣耳」，就是萬物相通的意思。

「利」：利有適宜、合宜、利益等意思。萬物既然存在，必有存在的理由，都有適宜的地方，都有適宜的時空條件與特定模式。凡事能夠合宜，就會有利益。

「貞」：貞有正固、守正、堅守的意思。萬物既然被創造出來，必然都能維持一段時間，就是貞的意思。在為人處世上，凡是好的要堅守下去，《易經》稱為貞吉。不好的若還不知道掉頭轉彎，權衡變通，繼續明知故犯，冥頑不靈的堅持下去，後果必然是傷己或傷人，《易經》稱為貞凶，或貞厲。

15 七上八下與亂七八糟的意涵

「七上八下」在生活中常用來形容一個人內心慌亂不安，無所適從的模樣。其實七上八下是《易經》談變化發展的專門術語。《易經》認為變化的發展，主要有四個狀態，一個是少陽，以七為代表；一個是老陽，以九為代表；一個是少陰，以八為代表；一個是老陰，以六為代表。

大至自然界的變化，小至人事上的變化，基本上都離不開一個規律法則，叫做始壯究的過程，或叫做拋物線的原理。換句話說，從初生的少陽做為啟動的開始，然後陽愈來愈壯盛，稱為老陽，這樣就叫做七上。為什麼叫作七上？因為老陽是九，比少陽的七大，所以少陽的往下發展，陽愈來愈多，也就是量變，就成為老陽，少陽變成老陽，七變成九，稱為七上。

根據《易經》物極必反的道理，當陽壯盛到一臨界點後，就會產生質變，由老陽變成少陰。少陰逐漸壯盛，陰愈來愈多，也就是量變，就產生老陰。因為少陰為八，老陰為六，從少陰變成老陰，是從八變成六，在數字的排序上，八比六大，所以少陰變成老陰，亦即八變成六，就叫做八下。

從《易經》變化的觀點來看，由少陽而老陽，由老陽而少陰，由少陰而老陰，算是一個循環階段的結束。然後老陰又因為物極必反的法則，又變成少陽，於是再啟動一個新循環的開始。以一年四季為例，春天是少陽，夏天是老陽，秋天是少陰，冬天是老陰。若以人的一生為例，從出生的少陽，到壯年的老陽，就逐漸進入老年的少陰，然後到死亡的老陰。若以宇宙的變化為例，成住壞空也是這樣的變化循環。事業的生命周期，也離不開始壯究這樣的發展變化，世上沒有永遠的長青樹，沒有永遠的風光，所謂「花無百日紅，人無千日好」，就是這個道理，所以飛龍在天的老陽，最後一定進入亢龍有悔。

所以，如果七上八下象徵井然有序，有條不紊，那麼亂七八糟就是雜亂無章，毫無條理了。當我們看到一個人的行事雜亂無章，沒有條理時，就會批評他亂七八糟，意味這個人行事胡搞瞎搞，違反自然的規律與法則或是人間的規則。

經過幾千年的歷史發展，本來是指循環不已規律變化的七上八下，也不知道是什麼原因，卻變成內心忐忑不安的意思。或許忐忑不安是七上八下本義的引申義，因為看到人生的變化無常，而心生不安，所以就把七上八下變成形容心裡忐忑不安。忐的造字是心上，意同七上，忐的造字是心下，意同八下，心一會兒上，一會兒下，真是慌亂不安，無所適從啊！

16 誠信必須具備的兩個元素

《易經》第六十一卦中孚卦，主要是在談「誠信為上」的道理。人言為信，言為心聲。言語出自於口，也出自於心，從一個人的言語內容、聲調變化、語氣狀況，應該可以判斷一個人內心是否信實。

言成為誠，言能成真才有誠可言，所以對於那些空口說白話、信口開河的人，我們千萬不要相信。

從中孚的卦象可以看出，誠信必須同時「實而虛，虛而實」實代表真誠，虛代表謙虛，亦即誠信之所以為誠信，必須同時具備「真誠」和「謙虛」兩個元素。

17 易占所依據的是「共時性原理」

人因為有欲望，有私心，所以思考問題時會有盲點與執著。易占基本原理為「鑑往知來」，能避開人為的盲點與執著，所以可用來幫助人們解惑，指點迷津。《易經》的重點在於心理分析、心理療癒與思維決策。

易占所依據的是「共時性的原理」，認為同時出現的事象，都有其關聯性，稱為「有意義的巧合」。所謂「有意義的巧合」，是指人的身心正好處於或達到某種狀態，類似心電感應或心理暗示。所以占出來的卦象與當事人心中困惑難解的問題間，會有相關性與相應性。

易占感應的靈敏度確實精準，孔子在《繫辭傳》中早就明示：「問焉而以言，其受命也如嚮，無有遠近幽深，遂知來物。非天下之至精，其孰能與於此？」這是孔子對易占感應精準度的明確肯定。

「天」是指客觀的，各種既定的條件，不是人力可以改變的。「命」則指主觀的，個人人生獨特的遭遇。《易經》每一卦每一爻，都能幫助人們「樂天知命」。

生命中有不可知的側面，有些事情太過隱微，表面看似順利，其實暗藏風險，一般人若只憑正常的理性與經驗恐難預知與判斷。易占的奇妙就在於能顯露幽隱，讓我們內心糾葛的想法，有機會獲得釋放與化解。

《易經》的卦爻辭內容充滿象徵的意義，有如鑽石的各個側面，總是彰顯不同的光彩，讓人玩味無窮。我們在碰到自己智慧、能力無法解決的困境時，從《易經》卦象爻辭內容就可以得到某些暗示或啟示，領悟出適當的因應或解決之道。易占預測未來，使我們知所進退，為所當為，必要時可加以善用，肯定獲益不淺。

依據《繫辭傳》的說法，學習《易經》是要讓我們在德行、能力、智慧三方面能不斷精進，而三者之間又息息相關。德行、能力必須靠自己，智慧除了靠自己以外，當人智已窮時，借易占可收事半功倍的效果。

18 靜如處子，動如脫兔的功夫

人生任何決策，都必須以精當的預測為基礎。做決策時，若能往前看得愈遠，抓得愈準，做對決策的機率自然就會愈高，這就是《易經》豐卦明以動的深刻意涵。明是指內在的清明，動是指外在的正確行動。

古代的聖人借《易經》來修行，鍛鍊心志，因此思想行動都能敬慎不敗，充分擁有「靜如處子，動如脫兔」的功夫。在時機尚未成熟前，「其徐如林、不動如山」，等到時機成熟後，「其疾如風、動如雷霆」。

「其徐如林、不動如山」是《易經》艮卦不動如山的功夫，艮的卦象是山，卦義是止。「其疾如風、動如雷霆」是《易經》震卦動如雷霆的功夫，震的卦象是雷，卦義是動。艮的卦象中隱藏震，震的卦象中隱藏艮，艮中有震，震中有艮。換句話說，就是靜中有動，動中有靜，一靜一動，靜而動，動而靜，這就是孔子詮釋《易經》道理的七個字：「一陰一陽之謂道」。

《易經》六十四卦的思維決策模型，堪稱是一個很好的決策鍛鍊方式。

19 什麼是誰也無法從我們身上拿走的

《易經》最主要是教我們德行、智慧與能力，人生除了這三項以外，還有什麼是可靠的。

名利、權勢、地位，都是「趙孟可貴之，趙孟可賤之」，凡是向外求來的，誰敢說可以永久確保，什麼時候會再度失去也不知道。只有德行、智慧、能力是在自己身上，誰也拿不走。

只要我們願意努力去開發德行、智慧與能力，而且用心去經營，不但可以幫助自己，也可以幫助別人，甚至可以參贊天地之化育，協助神明。

20 氣、勢、力三者的連結邏輯關係

氣、勢、力三者是一而三，三而一的連結邏輯關係。

一個人必須有氣才會有勢，稱為「氣勢」。勢不夠，原來是氣不足。同理，有勢才會有力，稱為「勢力」。力不強，原來是勢不足。

由此可知，氣是先決條件，是關鍵元素，在排序上自然是居於首位。氣也可以看成是一個人的精氣神，或一個人的氣場。《易經》夬卦五陽決一陰，氣夠壯，勢夠大，力夠強，勝負早已決定，但是君子仍然氣定神閒，解決小人不急不徐，先給小人反省改變的機會，如果小人還是執迷不悟，不得已才將小人解決掉。

21 是非難明的《易經》思維

是非分明的人不討喜，是非不分的人討人厭。是非難明才是《易經》的思維，就是因為是非難明，所以才更應慎斷是非，這是《易經》非常強調的憂患意識三分法的思路。

簡單的說，就是一分為二，二合為一，可進可退，靈活神妙，能夠讓人喜悅。例如三省吾身、三足鼎立、三人成眾、三陽開泰、三思而後行、三寸不爛之舌……等等都是三，就是這種精神的體現。

所有華人受《易經》謙卦基因遺傳的影響，在說話的時候，絕不會說自己做的很好，頂多只說「差不多」、「不錯」。差不多與不錯，就是在上下限之間的公差內，已經有很好的意思。

我們華人不會隨著外在環境的變化而一直變，也不會拘泥不變，而是該變的時候變，不該變的時候不會變，稱為「持經達變」。換句話說，就是有原則的變，有原則的變就是三，不是只有變一個選項，這是一分法，也不是變或不變兩個選項，這是二分法。只有陰中有陽，陽中有陰思維下的與時俱進、持經達變的做法才是三分法。

22 無所事事的生命危機

一個人在生命的過程中不能無所事事，一旦處於無所事事的狀態，會讓人的生命空掉，失去生命的重心和生命的動能。生命的重心沒了，生命的動能沒了，生命將快速枯萎，終至死亡。

《易經》有剝、復兩卦，談陰陽的消長循環，剝卦陰長陽消，生命力萎縮，復卦陽長陰消，生機盎然。當一個人處於退休無所事事的狀態時，正是《易經》剝卦之象，剝卦五陰剝一陽，再剝下去，陽氣消失殆盡，就變成坤卦，坤為純陰之卦，六爻全部都是陰爻，坤代表死亡。

所以，一個退休後無所事事的人，很快就會進入一息尚存的剝卦，然後再進入陽氣全無的坤卦，生命就結束了。

23 不了了之的生命完結篇

走完人生的全程，總結只有八個字：「深恩負盡，不了了之」。我們負了誰，誰負了我們，已經無法結算清楚，也彌補不了。

一生中想做的沒有去做，想去的沒有去成，想完成的沒有完成，可是人注定還是得離開，所以《易經》最後一卦是沒有完成的未濟卦，而不是已經完成的既濟卦。

沒有完成就是不了了之，不了了之注定也是人生的句點，所以不必遺憾，也不必惆悵。

24 灰飛煙滅的前塵往事

往事如塵早已灰飛煙滅，俗語稱為「前塵往事」。往者已矣，來者可追，過去的功過、成敗、是非、對錯，都已消散無跡，留在人心裡的只是記憶，只是心跡，只是檔案，能不能不受甘擾，不受糾纏，完全在於自己的修練境界，不是那麼容易。

不論是對於過去輝煌的眷戀回味，還是對於過去失措的懊惱傷悲，完全是心的作用，就宇宙整體而言，早已船過水無痕。

《易經》用六十四卦三百八十四爻，來象徵生命過程中所有可能的狀況和際遇，可說完備無遺。

任何的卦象都只是短暫的狀態，變卦才是人生的常態。沒有人可以永遠停留在一個卦象裡，不動如山，所以生命的發展過程正如宇宙的發展過程，永遠是動態的發展，高下沉伏，紛紜複雜，變化無常。若能覺悟這個道理，就能甘心認命，能認命就等同「坐忘」，就等同放下，在放下的時候，也就給出了自己存活的空間。

人生險阻，生死一線，步步艱險，步步驚心，必須練就當下過、當下忘的功夫，忘了才能過，忘不了就等同過不去。古往今來芸芸眾生有多少英雄豪傑，多少凡夫俗子，過不了心結的關，以致於卡住，導致一生負累牽引，只因為忘不了，所以過不去。

對於聖哲而言，每天只活在當下的卦爻象中，融入當下的存在情境，無思無為。而凡人卻忘不掉過去，無法融入當下的存在情境，因而心靈局限，鬱結成疾。

25 什麼都不是的生命本德天真狀態

修練就是要修到「什麼都不是」的生命本德天真狀態，因為什麼都不是，反而什麼都可以是，亦即什麼都有可能。如果已經是了，就定型了，就僵化了，再無其他的可能性。

《易經》用元亨利貞四德來象徵生命的本德天真，就像天一樣，所以乾卦為天，元亨利貞四德完備。象徵人剛出生的屯卦，也是元亨利貞四德具備，表示純粹的天真。

人在成長的過程中，逐漸被環境的習氣所染，而失去了最重要，最具有創造性的元德，只剩下了亨利貞三德，於是由屯卦而進入蒙卦，蒙蔽的狀態，需要靠自己的自覺，或明師的啟蒙。所以修練的終極目標就是恢復原本具有的元德，使元亨利貞四德再度完備，即能成聖、成佛、成真人。

26 易簡是《易經》的核心觀念

《易經》的核心觀念是易簡，易是簡易剛強的原理，指乾卦。簡是簡易柔順的原理，指坤卦。易也代表時間，是乾元，充滿無窮的創生力，在時間中生生不已。簡也代表空間，是坤元，充滿無限的包容力，在空間中完生一切。

做為一個在天地之間存有者的我們，若能確實把握易簡這一對易經的核心觀念，就能從中領悟到天地的變化之道，而有助於我們找到自己明確的生命定位。

變化是天地之道的必然常理，局之所以為局，就是變化輪轉的結果。君子身處天地之間，想要施展抱負，必須審視世局，看清局面，才能擬訂合宜的因應對策。

《易傳》理論建構的目的，就是要讓君子懂得依據自然律則而智慧的生活。鬼神是律則資訊的提供者，是參與律則建立的規範者，鬼神也指變化的原理。

《易經》作者將存在界的現象變化的律則建構成為一個可以觀察，進而可以預測的系統。這個可以觀察，可以預測的過程，必須藉助鬼神的協助，也就是所謂的占筮行為。

《易傳》中聖人所關切的，是如何成為一個在整體存在界中的完美人格，一個能掌握天地、日月、四時變化運行律則的君子。所以《繫辭傳》說：「夫聖人者，與天地合其德，與日月合其明，與四時合其序，與鬼神合其吉凶」。

儒家的教化是道德即宗教，如何在個人有限的生命中，達到無限而圓滿的意義。儒家內聖之學，包括心性之學與成德之教。心性之學是一種自覺的道德實踐，目標是完成自己的德性人格；成德之教是以成德為目的，成德的最高目標是聖人、大人或仁者。

27 《易經》吉凶的意義

《易經》認為人生的吉凶禍福，牽涉到時、位、人、事四個元素。「時」意指時間、時局、時運，統合而言，即為際遇。「位」意指位置、空間，統合而言，即為處境。時與位交織而成人在某一個時空背景下的際遇與處境。「事」意指事件、事變。「人」則是指事件或事變的當事人或主體。

時講求的是「得中」或「失中」，若是得中則吉，失中則凶，這就是《易經》的核心要義，最大重點，稱為時中之道。位講究的是當位或不當位，當位又稱為正，不當位又稱為不正，時中加上正，合稱為中正，就是最佳的為人處世正道，類似中庸之道。

人在面臨各種不同的際遇、處境、事件、事變時，應該採取何種回應方式，方為時中之道或中正之道？《易經》認為若能做到「順天應人」，既順應天道律則，又合於人道規則，就能達到時中的理想狀態。

28 《易經》獨一無二的方法論

易經哲學的方法論不外以下四個重點：

一、基於同一律的原則，易經肯定A等於A，例如六十四卦三百八十四爻的意義是不變的，乾就是乾，坤就是坤，自己只是自己，不是別人。同時又基於剛柔相推的原則，易經也肯定A可以為非A，例如六十四卦三百八十四爻都可以互變，自己必是變成不是自己，也就是說陽變成陰，陰變成陽。綜合以上兩項原則，人既是不變者，也是能變者，所以結論是自己實際上只是變化的陳跡而已。

二、易經肯定的是可能性而非必然性，所有的變化既不是必然性，也是偶然性。必然性孔子稱為「一陰一陽之謂道」，偶然性孔子稱為「陰陽不測之謂神」，易經所肯定的是可能性往下發展後的實現性。

三、卦的突變必然都是來自於漸變，因此易經特別著重防微杜漸的人事功夫。

四、卦爻同時是具體的，也是抽象的。就具體的來說，都是指時空歷程中，所發生的具體事件或事變。就抽象的來說，卦爻的意義都已經固定了，這些固定的意義已經普遍化與抽象化的化為法則與概念，可用來做為對於人生所有事件與事變的解卦及斷卦的靈活應用。

易經哲學的方法論，是獨一無二的，有別於一般東方哲學與西方哲學的方法論。

29 孚之用大矣哉

《易經》經文中常見「孚」字，是表示誠信的意思。「誠」字從言，從成，表示言成為誠。「信」字從人，從言，表示人言為信。

為人處世誠信最重要，是否誠信，不只看怎麼說，更要看怎麼做，如果心口不一，言行不一，何來誠信？必須言成真，行合道，方是誠信的真諦。

一個人如果內懷險詐，外逞口舌，終究無法取信於人，必將自陷於困境而動彈不得，《易經》稱此為困卦，困卦的卦象，內卦為坎卦，象徵內懷險詐，外卦為兌卦，象徵外逞口舌。有謂「一皮天下無難事」，實則應為「一誠天下無難事」。《中庸》一書不是也說：「不誠無物」，天道人事的道理始終不二。

以台灣與大陸的關係為例，因長期互信不足，難脫以小博大的小畜卦格局。小畜卦的卦象，下卦為乾卦，上卦為巽卦，台灣好比小畜卦的六四爻，大陸好比小畜卦的九五爻。

小畜卦的六四爻與九五爻如果同時爻變，卦象的上卦就從巽卦變成離卦，所以整體卦象也就從格局緊繃的小畜卦，變成格局豐盛的大有卦。

所以，兩岸關係必須如履薄冰，敬慎處理，台灣用「智」，大陸用「仁」，雙方互動互變，那麼衝突緊張的小畜卦格局，就有機會翻轉成富利共享的大有卦格局，兩岸領導人可不慎哉。

30 感時花濺淚，恨別鳥驚心

《易經》的咸卦談感應的道理，感應的重點在於無心。無心不是說沒有心，而是說心如明鏡，沒有分別，沒有執著，沒有欲望，沒有情緒。無心的感應才是咸卦的核心意涵。

人無心才能與天地萬物相感相應，換句話說，能夠無心不僅與人可以相感相應，與人以外的其他萬物也一樣可以相感相應。杜甫的〈春望〉詩說：「感時花濺淚，恨別鳥驚心」，就是最好的佐證。

莊子與惠子同遊在濠梁之上，是歷史上有名的「魚樂之辯」。兩人的看法完全不同，落入《莊子．齊物論》所說的：「彼亦一是非，此亦一是非。」他有他的一套是非判斷，我有我的一套是非判斷。人總是認為自己的認知正確，而對方的認知錯誤。

其實，彼此、你我，都是這個世界整體的一部分。惠子堅持自己合乎邏輯的理性分析，而莊子所展現的卻是與萬物相感相應的咸卦原理與功夫。惠子天機淺，可能永遠也不會明白，莊子有一顆能夠與萬物相應無礙的心靈，所以才能感受到魚的悠遊快樂。

元代四大畫家之首的黃公望，透過有名的《富春山居圖》，他描訴了一條河流的一生，他講述了時代和人類的悲劇，他表達了他一生體悟的生命哲學與人生智慧，山高山低就是象徵人生高峰低谷的生命哲學。在中國歷史上從來沒有一個人像黃公望一樣，用了四年的時間和河流真正的對話，黃公旺讀懂了富春江，富春江也讀懂了黃公望，他們產生了相感相應。

黃公望彷彿聽到了河流喜樂的聲音，也聽到了河流悲泣的聲音。聽到了自己十二歲通過元朝國家級神童科考試得意的聲音，也聽到了自己在監牢四年痛苦的聲音。

第二章

頤養之道動靜合宜，蛻變為知行合一「君子」

1「時」與「位」決定吉凶禍福

決定人生禍福吉凶的關鍵在於「時」與「位」。「時」代表時機和時勢，「位」代表位置和情境。每個人隨時都會處於一個際遇、時機、趨勢的某一個卦象中，也會居於此一卦象中的某一個位置。

若是「時」與「位」能夠配合，我們稱為順境；若是「時」與「位」不能夠配合，我們稱為逆境。

處於逆境時，最好的對策之道，就是「修德」，也就是努力培養智慧，增進德行，強化能力，這也是學習《易經》的目的。譬如處於否卦小人當道的逆境，在卦辭中文王說：「否之匪人，不利君子貞」，否卦對君子不利，君子要能認清形勢，要有自知之明，此時只能選擇內心固守正道或原則，不能求外在有所展現。孔子在《大象傳》中進一步告誡君子說：「天地不交，否。君子以儉德避難，不可榮以祿。」天地隔閡不能交感，萬物阻窒不能暢通，這是否卦的卦象。君子面對這樣的逆境，應該選擇隱居不仕，以崇尚儉約來躲避災難，不能有想要以利祿來榮耀自己的念頭。

2 權力使人腐化，貪心使人沉淪

權力使人腐化，貪心使人沉淪。換了位置，就換了腦袋，這也是《易經》綜卦的道理。所處位置不同，立場就會不同，立場不同，觀點就會不同。特別是掌握生殺大權的位置，可不是只有換了腦袋而已，久而久之恐怕也會換了心。所謂權力使人腐化，貪心也會使人墮落，人的心是活靈活現的，容易受外物影響，譬如龍蛇同類，都是太極，是蛟龍，還是毒蛇，關鍵完全在於一顆心，心善即蛟龍，心惡即毒蛇，這就是陰陽轉化的道理，所以孟子說：「耳目之官不思，而蔽於物。物交物，則引之而已矣。心之官則思，思則得之，不思則不得也，此天之所與我者。先立乎其大者，則其小者弗能奪也，此為大人而已矣。」孟子認為一個人如果能依照心的思考功能來理性思考，這就是所謂的「從其大體」，因為心的理性思考，能令人辨別是非善惡，於是就能謹言慎行，依照這樣去修養，就能成為「大人」。

相反的，心的思考功能不能發揮，自然就沉迷於外在的物欲。自古以來，歷史上這樣的案例真是不勝枚舉，斑斑可考。

3 孔子所謂的君子風度

什麼是孔子所謂的君子風度？君子是指已經立志，而且力爭上游，積極上進的人。君子不誇耀自己的優點，也不把勞苦的事推給別人做。君子能開誠佈公，能自重，而不與人爭鬥。君子能合群，而不拉幫結派，能無私，所以能欣賞及包容不同的觀點及立場。

君子內心舒泰、安祥、自在、而不驕傲。君子內心自有主宰，因此不必向別人示威。

《易經》謙卦是君子的典範，九三爻是這一卦的卦主，叫做：「勞謙，君子有終，吉。」勞謙之「勞」，有苦勞與功勞雙重意涵。就苦勞而言，是心之所之，一往向前。就功勞而言，是勞苦功高，功成不居。

從《易經》謙卦的卦象「地在上，山在下」，來看君子的風度，是內有像山一樣敦厚的德行，外有像地一樣柔順的行為。德行與行為配合無間，所以君子行事，總是無往不利。

4 成熟的麥穗必然低垂著頭

一個人愈是能幹，愈是聰明，愈是有學識，愈是有地位，愈是有名氣，愈是有權勢，就愈是容易陷入框架的想法和自我中心。

這種先入為主的慣性思考模式，無法客觀認清事實，更無法用同理心與他人相對待。孔子知道這個道理，深深以此為戒，所以特別用心修練戒除這四種自我中心的毛病。

《論語》上說：「子絕四，毋意，毋必，毋固，毋我。」「意」就是憑空猜測，「必」就是堅持己見，「固」就是冥頑不靈，「我」就是自我膨脹。一個妄加猜測，堅持己見，頑固拘泥，自我膨脹的人，不但難以相處，而且容易帶給別人莫名的壓力而不自知，這豈是一個理性和成熟的人應有的作為。

成熟的麥穗必然低垂著頭，成熟的人格也必然是謙卑自牧，這就是《易經》謙卦，「謙謙君子，吉」的意涵。

5 慢火細燉

孟子說：「其進銳者，其退速」，人生很多事情是急不得的，事先除了必須有周密的思考與完整計劃外，過程中還需循序漸進，才能達成預期的目標。

過去的思考與過去的方法可以成功的，今日不見得可以如法炮製，主要是因為主客觀的條件已經跟過去不同了。如果我們還陶醉在過去成功的模式，那是一個很大的迷思。

《易經》漸卦和大畜卦講的都是慢火細燉的道理，漸卦強調循序漸進，大畜卦強調以艮畜止乾健的向前直衝，目的都是在防止我們不要衝的大快，必須先累積自己的實力，然後等待與配合客觀的時機，這就是慢火細燉的義理精髓。

6 萬事紛紛只偶然

北宋王安石雖然因為性格、時運和用人不當等因素，而造成他的變法失敗，但他的道德文章還是甚受肯定的。王安石曾經說：「萬事紛紛只偶然」，可見王安石也是一位學識淵博、洞察世事的思想家。

世事多變，充滿了太多的不確定性，而諸多的不確定性，偶然的成分居多，必然的成分較少，所謂三分天意，七分人事，就是這個意思。《三國演義》第一回開宗明義第一句就說：「話說天下大勢，分久必合，合久必分。」分與合是結果，必然有其誘發的因素，而這些誘發的因素到底是定數？還是變數？是定數就是必然性，是變數就是偶然性。自然界的規律比較傾向必然性，而人事上詭譎複雜的現象，常常是突發的偶然造成，所以人事上的複雜多變也就不足為奇了。

《易經》大衍筮法是一個模擬天、地、人、時的循環，經由分二、掛一、揲四、歸奇的程序，反覆操作，就可以得到相應於自己問題的對策卦象。每一次分二的營為動作，都是一種偶然，卻決定了後續的必然結果。也就是說，得到一個爻必須經由一定次數的操作，一定次數的隨機分二動作，反覆操作，最後可以得到六個爻，構成一個卦象。

其中分二的動作是偶然的，是隨機的，卻造成後面的必然發展。這種偶然而必然的占筮程序，蘊藏者奧妙玄機，不是人力可以操控左右。看來，聖人先知是有意透過大衍筮法的操作程序，來告訴我們人事現象的因果關係，不是全然是線性的關係。

萬事萬物的創化過程，都是偶然後的必然發展，而我們通常只能看到已經呈現的必然結果，就誤以為那是定數。孔子在《繫辭傳》上有一句悟道而非常通達的話說：「神無方，而易無體」，神指神妙，易指易理，孔子認為最神妙的力量，是不受任何方位的限制，可以無遠弗屆，可以無所不在，叫做「神無方」。至於易理的變化，是沒有固定形體的。

《易經》文本中的卦辭所說的方位，以及每一個爻位，都已經鍾煉出象徵的意涵，可以作更廣泛的運用。譬如利西南已經不是方位西南的狹隘意思，而有柔順的意涵。六十四卦三百八十四爻中的每一個爻位，能夠彈性的套用任何問題做廣泛的象徵，叫做「易無體」。「神無方，而易無體」，合而言之，就是既神妙又變化不拘的意思。

7 《易經》節卦陰陽虛實搭配合宜，象徵人體健康的狀態

孔子在《繫辭傳》中說：「伏羲畫卦是根據仰觀天象，俯察地理，研究動植物的生態，以及人的身體構造後，才創造了卦爻的符號體系。」《易經》作者認為宇宙是一個大天地，人身是一個小天地，宇宙那麼大，人身那麼小，卻都是一個太極，有共通的自然法則。

易卦六爻很多都是從人身來取象，特別是咸卦、艮卦、節卦三卦更是明顯的象徵。咸卦六爻完全以人身來取象，從腳到頭敘述身體各部位的感應，以及整體息息相關的互動狀況。艮卦六爻也是完全以人身來取象，從腳到頭論述止欲修行的功夫，由下而上，由內而外，直到第六爻上九才大功告成。艮卦上九爻爻變成謙卦，能夠虛懷若谷，博施濟眾。節卦象徵頂天立地，昂然而立的人體結構，由下而上分成踝、膝、胯、腰、椎、頸六大關節。人體關節主管屈身俯仰的轉動，最容易藏汙納垢，而致氣血不通，造成運轉不靈，以致百病叢生。

節卦由下而上，陰陽虛實的搭配非常合宜，象徵身心節制的很適當，人體完全健康的狀態。反過來說，若將節卦的六個爻全變，陽爻變成陰爻，陰爻變成陽爻，節卦就變成旅卦，卦的性質完全相反，表示因為毫無節制，造成身心敗壞，成為失魂落魄的行屍走肉。若將節卦的下卦三爻全變，就變成蹇卦，下半身幾近癱瘓，而寸步難行。若將上卦三爻全變，就變成睽卦，上半身各行其是，極不協調。

若將節卦初爻的腳踝陽爻變成陰爻，則陽剛正直，踏地堅實的腳踝，變成了虛浮無力，搖晃不穩的情況。再將象徵柔軟輕盈腰胯的兩個陰爻變成陽爻，那麼腰胯由柔軟而變成僵硬，如此一來，腳踝虛浮，腰胯僵硬，必然造成身心的嚴重失衡，因為初九、六三、六四這三個爻全變，恰好變成大過卦，身體已經離開健康狀態太遠，情況非常嚴重，漢朝稱大過卦為死卦，不是沒有道理。

《易經》節卦的卦中卦為頤卦，頤是頤養、養生的意思。節卦論述節制之道，當然與頤養息息相關，頤卦下卦為震卦，震為動，上卦為艮卦，艮為止，頤養之道有動有止，有動有靜，什麼時候應該動，什麼時候應該靜，關鍵在於時機通達閉塞的判斷和拿捏。所以，節卦的初九爻說：「不出戶庭，無咎。」而九二爻卻說：「不出門庭，凶。」同樣閉門不出，初九沒有災難，九二卻得到災禍，為什麼？孔子在《小象傳》中詮釋的很到位，孔子說：「初九知通塞也，九二失時極也。」初九能夠辨明通塞，知道此時此刻不是通達的時機，所以深居簡出，以致於能趨吉避凶。九二失時極也，極就是中的意思，九二誤判時機，應當適度的有所作為，卻畏縮不前，顯然是節制過度，以致錯失良機。

《易經》節卦的節字，造字取象竹子，竹子在往上生長的過程中。每到一個階段，就會自然而然收束一段時間，而盤旋成節，然後再繼續往上生長。這樣每一根竹子就有很多的節，而且是節節相續，所以稱為「節節高升」。既然是節節高升，表示高升的過程是有動有止，而非一路動升不止。竹子這樣的生長過程，完全符合《易經》節卦的節制道理，有動有靜，相輔相成。

竹子中空而外直，有君子風度，所以稱為「高風亮節」。高風的意思是指高尚的品德，亮節的意思是指光明的志節。高風亮節正是典型儒家仁者君子的象徵，值得我們效法學習。

8 什麼是儒者的本色

儒者給人的鮮明形象是「謙卑禮讓，溫柔敦厚」，完全符合《易經》謙卦的道理。謙卦初六爻說：「謙謙君子，用涉大川，吉。」君子用謙虛又謙虛，謙卑再謙卑的態度來對內修養自己，對外應對進退，這樣就算面對危險，也能逢凶化吉。《小象傳》孔子解讀為：「謙謙君子，卑以自牧也。」謙而又謙的君子，用謙卑來自我管理。

儒者不標新立異，不恣意妄為，不譁眾取寵，不鋒芒畢露，不刻意表現，不貪生怕死，不違背道義，不趨炎附勢，這些都是儒者的本色。

儒者物質生活簡單，精神生活豐富，儒者氣度恢宏，一本初衷，盡其在我，不改其志，雖窮而不苦，仍能自得其樂。

9 有料才能「料理」

如果一個人言語乏味，面目也會可憎。言語乏不乏味，關鍵在於有沒有持續吸收新知，有沒有持續用心思考。既不學習又不思考的人當然無法言之有料，沒有料哪來的美味。料是基礎，有料才能「料理」，才能創造美味佳餚。

吸收新知加上用心思考的心得，就是真實道地的「料」，透過各種料的綜合運用與交叉運用，可以創造很多的美味料理，用來與人溝通時，自然能夠出口成章，妙味無窮了，這樣才能做到真正的「以文會友」。

《易經》有一個卦叫做「兌」卦，兌是人的口，《大象傳》說：「君子以朋友講習」，講要用到口，一個人內在有料，講話才有味道，朋友之間相互交流分享，當然快樂舒服。「兌」就是悅，快樂的意思，兌加上心即為悅，加上言即為說，口說而心悅，「有朋自遠方來，不亦樂乎！」即是這個道理。

10 君子不器

器分「小器」、「大器」、「不器」三品。小器不如大器，大器不如不器。

小器的人小格局，小功能，沒有領袖的才具。大器的人，大格局，大功能，是好的領袖人才。不器的人很有彈性，功能無限，是卓越領袖的最佳人選。

孔子說「君子不器」，孔子認為做不到「不器」的人仍然只是小人，不是君子。君子器識恢弘、大胸懷、大格局、大眼光，有彈性，能柔軟，像水、像風一樣，能隨時變通，毫無拘滯。

小器的人只能成就小事業，大器的人能成就大事業，只有不器的人才能成就立德、立言、立功三不朽事業。君子應該以「不器」自我期許，才能不斷自強不息，所以《易經》乾卦《大象傳》說：「乾為天，君子以自強不息」。

11 未完成才有創新

《易經》最後一個卦是未完成的未濟卦，意謂著宇宙人事的發展尚未完成、尚未結束，彰顯了《易經》「生生之謂易」的精神。

「未濟」卦的前一個卦叫做「既濟」卦，是完成的意思。如果一切都已經完成，那就結束了，不會再有創新了，所以孔子解釋說：「終止則亂」，終止的「止」是停止的意思，一但停止，更新就完了，就停擺了。

宇宙人事的發展道理，就是因為尚未完成，才能再啟動生機，繼續往前發展，才能生生不息，循環更新下去。

12 聲聞過情，君子恥之

孟子說：「聲聞過情，君子恥之。」一個人如果空有名聲，金玉其外，敗絮其中，實際上既無才學，又無能力，君子肯定會覺得可恥、丟臉。

孟子認為水如果沒有永不枯竭的水源，就會像七、八月間的暴雨一樣，雖然可以瞬間將大小水溝灌滿，但也會很快就乾枯，不可能維持很久，就像「聲聞過情」的人一樣，終究只是掀起一片水花而已，又能持續多久？

《易經》中孚卦談誠信的道理，中孚卦上九爻說：「翰音登于天，貞凶。」《小象傳》解釋說：「翰音登于天，何可長也。」翰音為雞聲，為鳥聲，雞啼的聲音傳到天上能夠持續多久？王弼對於這一爻的解釋說：「翰是高飛的意思，所以翰音就是高飛的聲音，高飛的聲音是不符合實際的。」《易經》中孚卦上九爻就是典型聲聞過情，言過其實，完全不符合誠信的道理，當然會得凶。

13 什麼是良心的力量

什麼是良心的力量？孔子說：「不義而富且貴，於我如浮雲。」這就是良心的力量。

「、」是指事，不能隨外在環境而變動而動搖的是良心，良是「艮」加上「、」。「艮」是《易經》的一個卦，是止的意思。艮的卦象中有震卦，震是動的意思，暗喻止中有動。所以孔子說艮的精義是：「時止則止，時行則行，動靜不失其時，其道光明。」木（樹木）加艮（靜止）等於根，根就是根本，人的根是良心。艱是會意字，人有困難時，有艱難時，都不可丟失良心。但凡良心丟失，就會像無根的浮萍，隨處漂流。

14 美是文質彬彬

從「美」的造字來看，是指具有自然原始本質的人，頭戴象徵文明的裝飾物。換句話說，人的美，一方面要保有「自然原始本質」，一方面又具有「文明的裝飾」，所以孔子說：「質勝文則野，文勝質則史。文質彬彬，然後君子。」一個人內在的本質勝過外在的文采，就會顯得粗野；反之，外在的文采勝過內在的本質，就會顯得虛偽。唯有內在本質與外在文采相互融合，配合得當，才能成為眾望所歸的君子。

《易經》賁卦上九爻說：「白賁，无咎。」「白」象徵樸素的本質，「賁」象徵粉飾的文采，「白賁」象徵自然原始本質與文明的裝飾合而為一，這就是文質彬彬。

15 孔子思想對於人類最大的貢獻

孔子從一個平凡的孩子而立志努力學習，終於開發了潛能智慧，達到了聖人的高妙境界，體現了仁者的氣象。

孔子成為至聖先師，萬世師表，他的典範主要展現在《論語》一書的對話中。孔子五十一歲從政，五十五歲開始周遊列國，所有他的修養、思想、見解、人格都在這一段歷程的考驗中發光發熱，永垂不朽。

孔子思想對於人類最大的貢獻在於明確指出「人性與天命的關係」，並主張修練功夫的次第或進程，分別是「知天命」，「畏天命」，「順天命」，「樂天命」。像爬階梯般，一階一階的往上。《易經》升卦論述逐漸上升的道理，六五爻說：「貞吉，升階。」升階就是登階而上的意思，已經到達登峰造極的化境，就像聖人孔子一樣。

孔子五十歲時知道自己的天命，也就是自己的天職（calling）。六十歲已經做到凡事順從天命，不違逆，不勉強。七十歲終於達到了樂天命，從心所欲不踰矩的高妙非凡境界，成為後代子孫學習的典範。

《論語》一書是孔子一生智慧的結晶，內容分為四大部分，一為孔子自己說的話，二為孔子與第一流弟子的對話，三為孔子與第二流以下弟子的對話，四為弟子發表的言論，例如曾子說：「夫子之道，忠恕而已矣。」子夏說：「學而優則仕」等等。

孔子將他的學問分為四科，分別是「德行科」、「言語科」、「政事科」、「文學科」。第一流的弟子包括德行科和言語科，第二流的弟子包括政事科和文學科。德行科的代表人物是顏淵、閔子騫、冉伯牛、仲弓四人。言語科的代表人物是宰我、子貢二人。政事科的代表人物是冉有、子路二人。文學科的代表人物是子游、子夏。了解四科的代表人物，在閱讀《論語》時，有助於我們在他們上場表演時，對於他們言行的充分理解。

16 孔子不是一個空言不行的人

人生要有真善美三隻腳，像鼎足一樣，才能四平八穩。做學問也是一樣，要涵蓋真善美三個面相，做到三者兼備，三位一體的全方位探索，才能成為一個既有理性又有感性的人。

人生有時候要理性處事，有時候也要感性待人，如此才能周旋完備，不會走入極端。《易經》履卦談實踐的道理，孔子曾經說過：「我欲載之空言，不如見之於行事之深切著明也。」可見孔子不是一個空言不行的人。

履卦上九爻說：「視履考祥，其旋元吉。」就是達到周旋完備這個境界的人。以聖人而言，孔子堪稱是履卦上九這個需要我們效法學習的典範了。

17 孔子的理想世界

孔子的理想在《禮記．禮運大同》的大同世界，孔子大同思想的根源在《易經》同人卦與大有卦兩個卦，合同人、大有四個字，是謂大同。

同人、大有意思是同樣是人，大家都有，所以說：「老有所終，壯有所用，幼有所長，鰥寡孤獨廢疾者皆有所養；男有分，女有歸」。老有、壯有、少有，鰥有、寡有、孤獨有、廢有、疾有、男有、女有，大家都有。

孔子學通易道後，晚年創作《春秋》，與易道相互輝映。《易經》通天下之志，《春秋》除天下之患，一揚善一遏惡。孔子志在為萬世開太平，所以大有卦的《大象傳》說：「君子以遏惡揚善，順天休命」。

《春秋》有三世之說：據亂世、升平世、太平世。據亂世相當於《易經》的蠱卦，升平世相當於《易經》的升卦，太平世相當於《易經》的泰卦，大同世相當於《易經》的同人卦、大有卦二個卦。

18 默而識之的識字有玄機

孔子在《論語》中說：「默而識之，學而不厭，誨人不倦，何有於我哉！」《易經》大畜卦的《大象傳》說：「君子以多識前言往行，以畜其德。」古代聖哲的言行表現，堪為表率，值得後人學習記誦及領會，可以開啟我們本身與生俱來的智慧。

《論語》這一段話中的「識」字，及《易經》大畜卦的《大象傳》中這一段話中的「識」字，音都念成「誌」，有記憶及心領神會雙重意思。

讀書學習若只是記誦而不思考與意會，那是死讀書，也是讀死書，對於我們智慧的開啟是沒有任何助益的，就算書讀的再多，充其量不過是書呆子，或腐儒而已。

19 一個明智的人，必然是一個知行合一的人

一個明智的人，必然是一個知行合一的人。明智不僅僅只是聰明、有智慧的意思，還有沉著、穩定及謹慎的意涵。

一個明智的人遇事不莽撞躁動，不輕舉妄動。如果說聰明睿智是「知」，那麼謹慎行事就是「行」。

明智的先決條件是分辨，孔子說交朋友要先分辨是益友還是損友。《易經》同人卦《大象傳》也說：「君子以類族辨物」，都是善於分辨的道理。

孔子回答弟子請教何謂明智時，清楚的表示：「務民之義，敬鬼神而遠之，可謂知矣。」意思是一個人只要善盡本分，安分守己，敬畏超越界的神明，同時能與敬畏的神明保持適當的距離，就算是明智了。

20 直接意識與反省意識

人之所以為萬物之靈，在於人有理性，可以思考，可以反省，可以自覺。而其他生物的認知只是直接意識，完全依據當下的安危，做本能的直接反應，以便保護自己，或攫取所需。

人有自我意識，是人之所以為人的奧妙所在，因為有自我意識，人就可以跳開來觀察自己，反省自己。

因此，人的認知能力，稱為反省意識，其他生物的認知能力，稱為直接意識。人的認知能力能夠形成內在邏輯的一致性，並訴求符合自己需求的選擇，同時依據理性，來建構及開展內心的世界。

孔子依據理性及經驗，來建構及開展內心的世界，提出中心思想為「仁」的學說，仁的基本意涵為真誠。一個人內在真誠是主要條件，是彩色的，是美好的，而待人有禮是輔助條件，是白色的。經由外在禮的襯托，才能充分彰顯內在真誠的光彩，《易經》稱為賁卦，就是文飾的意思。

如果只是表現為待人有禮，卻忘了內在的真誠，那就變成本末倒置了。君子的條件是文質彬彬，既有文飾又有質樸，不但應對進退得體，也能真誠真心相待。

21 孔子推薦交朋友的優先順序

子曰：「不得中行而與之，必也狂狷乎。狂者進取，狷者有所不為也。」孔子推薦交往朋友的優先順序，依次為一、行為適中的人，二、志向高遠的人，三、潔身自愛的人。

志向高遠的人積極進取，奮發向上，有所作為。潔身自愛的人愛惜羽毛，中規中矩。行為適中的人當行則行，當止則止，有為有守，恰到好處。

孔子所謂的狂者就是志向高遠的人，狷者就是潔身自愛的人，中行者就是行為適中的人。若從修身養性的角度來說，一個人應該先做到有所不為，然後才能有所為，進而再進一步做到隨時適變，有時有所不為，有時有所為，這樣才是修身養性的最高境界。

孔子在《易經．繫辭傳》中說：「不可為典要，唯變所適」，又說：「巽稱而隱」都是中行的創造性詮釋。巽是孔子所標榜憂患九德的最高境界，所以說：「巽德之制也」。制即因時制宜、因地制宜、因人制宜的意思。「巽稱而隱」的「稱」是恰到好處的意思，「隱」是韜光養晦的意思，合而言之，就是恰到好處，不露形跡的意思，這已經是上上乘的功夫境界了。

22 沒有自知之明的下場

《易經》鼎卦繼非常破壞的革卦之後，就要從事非常建設，以開創新局。

鼎卦九四爻說鼎足折斷了，好不容易煮好的美食佳餚打翻了一地，而自己的身上也被沾汙了，一幅狼狽不堪的樣子。孔子在《繫辭傳》中，對於這一爻的處境遭遇有感而發說：「德薄而位尊，知小而謀大，力小而任重，鮮不及矣。」孔子認為一個人如果德行淺薄而居高位，智慧不足而謀劃大事，實力薄弱而擔當重任，很少能避免災禍的。

鼎卦九四爻不知己，又不知彼，沒有實力，沒有份量，不能承擔重責大任，不能勝任九四高位，卻沒有自知之明，難怪會敗的灰頭土臉，真是咎由自取，怪不得別人。

23 臨危不亂的功夫

孔子帶著一群弟子來到衛國的「匡」這個地方，因為孔子的面貌類似太保陽虎，因此被匡人包圍。孔子仍然處變不驚，彈起琴來，子路問孔子：「為什麼老師一點都不害怕？」孔子說：「在水中不怕蛟龍，是漁夫的勇氣；在山中不怕老虎，是獵人的勇氣；在戰場不怕刀劍，是戰士的勇氣；知道時運有窮、有通，窮時要冷靜觀察，用智慧應付，面臨大難，也不會恐懼，這是聖人的勇氣。」

後來匡人因為孔子彈琴，認為粗魯的陽虎是不可能做到的，進一步探察，才知道是孔子，於是解除了包圍。

《易經》震卦就是一個處變不驚，臨危不亂的功夫卦。卦辭說：「震驚百里，不喪匕鬯。」匕是木製的勺子，鬯是酒。雷聲霹靂轟響，震到百里遠之外，主持祭祀的人，仍能鎮定如常，安然自若，不為所動，如果沒有相當的勇氣和冷靜，是不可能做到的。

24 慢活主義

隨著人類科技的快速發展，都市文明的生活節奏愈來愈快，人類的「文明病」也愈來愈多，有抑鬱症的人數與日俱增，人類終於漸漸領悟到：快速的成長並沒有給人類帶來精神上的安寧及心理上的快樂，於是有人開始提倡「慢活主義」，希望能減慢生活的步調，重拾快樂的生活。

其實早在幾千年前，《易經》的作者就已經教導我們現代人認識時髦的觀念：「慢活」。《易經》漸卦是漸之進的意思，漸之進的「之」有迂迴曲折的意思，所以漸進不是躁進，不是直線進。成語有「點滴為功」、「積微成著」、「徐徐漸進」、「積漸成頓」……等，都是漸卦的形象化描述。

《易經》作者認為人生有許多事情都要循序漸進，漸進不亂，如果太過急躁，不合次序，不合規則，不合時宜，就會出問題。孔子在《彖傳》中詮釋漸卦說：「止而巽，動不窮也。」止是適可而止，巽是靈活權變，窮是窮困不通。一個人只要能夠做到適可而止，不躁動，不過度，靈活權變，不固執，不拘泥，則一切的行動都不會陷入困境。一旦行動順利無礙，人生就能快樂無憂，如此慢活的生活型態，就能重新帶來人類心靈的平靜和快樂。

25 天災與人禍

災是自外來，稱為天災；眚是由己生，稱為人禍。人活在世上，有天災也有人禍，孟子引用《尚書．太甲》中的一句話說：「天作孽猶可違，自作孽不可活。」人們自己造成的過錯，是無法逃避，也無法免責的。

《易經》文本中有災眚兩字，意思區分的很清楚，災就是災，眚就是眚。例如无妄卦六三爻說：「无妄之災」，表示不是自己造成的災禍，上九爻說：「行有眚」，表示這是個人自己造成的災禍，因為時窮而動，自遺其咎。訟卦九二爻說：「无眚」，是因為他有自知之明，選擇知難而退，所以能免除自己造成的禍害。震卦爻六三說：「震行无眚」，表示這個人在驚嚇的情況下，仍然能夠鎮定沉著應對，所以沒有災厄。小過卦上六爻說：「飛鳥離之，凶，是謂災眚。」完全是因為自己驕亢失控的行為，以致於厄運難逃。復卦上六爻說：「迷復，凶，有災眚。」因為當局者迷，而且迷而不知回頭，因而動則得咎，天災人禍並至。

由此可見，《尚書．太甲》所說的「天作孽猶可違，自作孽不可活。」這一句話真是千古名言，經得起實證檢驗。

26 孔子對於聞達與精博的看法

從孔子對子張關於「達」的回答，可知孔子對於「聞達」的概念有明確的區分。「聞」是聞名、出名，「達」是練達、通達，有「聞」不一定能「達」，因為「聞」可能是徒有虛名，而「達」是名至實歸。

《易經》中孚卦談論誠信的道理，上九爻說：「翰音登於天，貞凶。」表示這個人的誠信是聲聞過實，名實不副，最後一定會自食惡果。

孔子認為廣博和專精若能兩全其美最好，如果博與精只能二選一，孔子寧可選擇廣博。孔子是通達的人，而不是囿於一學的專家，這可從孔子回應達巷黨人的說法中看出。孔子說：「吾何執？執御乎？執射乎？吾執御矣！」射是射箭，御是駕車，射手是盯著一個目標點來射擊的，因此象徵專，御是駕著車帶著射手到處跑的，因此象徵博。孔子說他是「執御」，由此可知，孔子是崇尚廣博的通達。

27 孔子認為富貴是強求不來的

富貴的富在古代稱為「祿」，在現代稱為財富。貴在古代稱為「位」，在現代稱為地位、頭銜。所以，富貴在古代是指財祿爵位，在現代是指財富地位。

孔子認為富貴是不可求的，所以說：「富而可求也，雖執鞭之士，吾亦為之，如不可求，從吾所好。」孔子也曾經說過：「死生有命，富貴在天。」既然是富貴在天，就不是人可以強求的。

孔子能夠做到貧而樂，安貧樂道，真是非常人所能。而且凡不是透過合理而取得的富貴，孔子更是看的像浮雲一樣，所以孔子說：「飯疏食飲水，曲肱而枕之，樂亦在其中矣。不義而富且貴，於我如浮雲。」

《易經》乾卦上九爻說：「亢龍有悔」，孔子在《小象傳》詮釋為：「貴而無位，高而無民，賢人在下位而無輔，是以動而有悔也。」乾卦上九位最高，所以是「貴」，但高處不勝寒，富與貴都已經走到盡頭，孔子說貴而無位，其實是已無貴也無位，因為此時的位已經是虛位，等同無位，何來貴？

28 在大同世界裡，同樣是人，大家都有

孟子說：「仁者以其所愛及其所不愛，不仁者以其所不愛及其所愛。」有仁德的人，先照顧他所愛的人，再推到他所不愛的人。沒有仁德的人，先遺棄他所不愛的人，再禍及他所愛的人。

「以其所愛及其所不愛」和「老吾老以及人之老，幼吾幼以及人之幼」都是孟子的主張，意思差不多，都是儒家由近而遠，推己及人的仁者愛人的施恩方式。

「老吾老以及人之老，幼吾幼以及人之幼。」是孟子描述他心中理想社會應該有的愛，除了敬愛自己的長輩與晚輩之外，更應該拓展到其他與自己沒有血緣關係的人身上，可以視為大愛，是相當偉大的思想。

孟子這樣的思想與《禮記．禮運大同》上所說的：「故人不獨親其親，不獨子其子；使老有所終，壯有所用，幼有所長，鰥寡孤獨廢疾者皆有所養。」與其中的大同理想有著相同的思維。在大同世界裡，人人都能得到施恩與照顧，沒有人會被遺棄。

《易經》有同人卦及大有卦，同人卦主張人同此心，心同此理，期望和平共處的

理念能夠由近而遠，推廣到每一個偏僻荒遠的地方，所以卦辭說：「同人于野」。

大有卦卦象是陽光普照，在日光之下人人平等，象徵大家都有，人人都有。同人、大有兩卦合其來就是大同，同人是「同樣是人」，大有是「大家都有」，在大同世界裡，同樣是人，大家都有，稱為「大同」，是儒家的理想國。

29 人生的兩個主要課題

人活在世上，有兩個主要課題，一個是謀生，一個是謀道。謀生的基本目的是為了身體生命，謀道的崇高目標是為了精神生命。完整的生命當然包括身體生命和精神生命，所以謀生和謀道並重，才能成就完整的生命或整全的生命。

在這個世上，大多數的人一生只追求有形可見的謀生，而不追求無形難見的謀道。人的一生若是只有物質生活，或豐富的物質生活，若沒有精神生活的搭配來滋潤生命，那麼這樣的生命到底有何意義？又有何價值？

孔子說：「君子謀道不謀食……君子憂道不憂貧。」孔子又說：「飯疏食飲水，曲肱而枕之，樂亦在其中矣。不義而富且貴，於我如浮雲。」孔子一生以大同世界為理想，以造福蒼生及教育百姓為志業，可說是謀道不謀食的君子典範，即使生活貧困，也能樂在其中，不以為苦。

《易經》節卦談論節制調控的道理，九五爻說：「甘節，吉，往有尚。」一個人能夠做到甘於節制，沒有勉強，沒有痛苦，堪稱是節卦的最高境界，孔子便是。

30 柔和旋備的太極拳化境

《易經》是一本非常典型的憂患書籍，全書六十四卦、三百八十四爻充滿了濃厚的憂患意識。在《易經．繫辭下傳》裡，孔子說：「易之興也，其於中古乎？作易者其有憂患乎？」《易經》作者充滿悲天憫人之心，看到世人一生橫逆，險阻不斷，於是寫成《易經》一書，教導並指引世人如何用德行與智慧化解的方法。

在《繫辭下傳》第七章裡，孔子特別依卦序列出九個卦，做為世人在亂世修行的準則。九個卦的順序為履、謙、復、恆、損、益、困、井、巽，又稱為「憂患九德」。憂患九德的第一個卦為履卦，孔子說：「履，德之基也。」履卦做為修行的開始，也是修行的基礎，可見修行就是要行，沒有行，空談無益，不能受用。而履是用腳行走，正是一步一腳印，腳踏實地才能看到成效。接著孔子又進一步闡釋履卦的方法說：「履和而至……履以和行」，表示履的成功關鍵在一個「和」字，凡事以和為貴，必須修練讓自己能心平氣和，和顏悅色，這樣才能以和馴悍，讓兇暴的老虎也無所措其爪牙，沒有傷害自己的餘地。

履卦講究用柔、用和的精神，也能用在太極拳的修練上。太極拳源自太極原理的柔中含勁、柔中帶剛，是道道地地典型的內家拳。太極拳架由鬆柔入手，每個階段都得通過，才算得其精髓，而具有真功夫。各個階段相當於履卦從初爻到上爻的過程，第三爻的六三質柔用剛，顯得過於僵硬，便過不了鬆胯關。第五爻的九五堪稱修練有成，然由於尚存剛猛之氣，仍然不能臻於上乘境界。第六爻的上九，陽爻而居陰位，能質剛用柔，已經通過所有艱難困苦關卡，玉汝於成且大功告成，爻辭說：「其旋元吉」。「旋」字符合太極拳的形意，能夠周旋完備，當然達到爐火純青的武術巔峰化境，成為一代宗師，也能當之無愧。

第三章

生命是實踐易道的歷程，生生不息成就最大的美

1 未完成的美

未完成的有一個美，所以《易經》第一個卦是創始的乾卦，最後一個卦是未完成的未濟卦。

生命之美潛藏在不斷發現的過程，永遠沒有完成。生命中有未完成的歌曲、有未完成的書籍、有未完成的音樂、有未完成的電影，有未完成的愛情、有未完成的親情、有未完成的友情……就因為未完成，才能有一個美。

未完成才能生生不息，生生不息就是最大的美，所以莊子說：「天地有大美而不言」。

2 老子的深刻創見

《老子》文本中的文字常常被認為具有權謀的味道，其實老子只是單純的在說明或分析事物發展的規律而已。譬如老子為了說明「反者道之動」的自然道理，而說：「將欲歙之，必固張之；將欲弱之，必固強之；將欲廢之，必固興之；將欲取之，必固與之；是謂微明。」這一段話，自古以來普遍被誤解為權謀之術，就連宋儒也因為將「固」解釋為「故」，所以義理完全錯誤，顯然誤解老子的本意。

殊不知，任何事物當它發展到某一個極限時，它就會向它的對立面發展，老子稱為「反者道之動」，《易經》叫做「物極必反」、「無平不陂，無往不復」。所以此時處於伸張、剛強、興盛、付出的狀態時，即將收斂、衰弱、敗廢、獲得的幾微的徵兆已經潛伏在其中。

決定未來發展的「幾」雖然隱微難見，而現在已經發生的「事」卻是非常明確的，叫做「微明」。「微」指的是「徵兆」，是將然，是未來，是「將欲」；「明」指的是「事實」，是已然，是現在，是「必固」。老子先說「將欲」，再說「必固」，這樣的倒裝句法是被歷代學人誤解的最大原因。老子是先點出未來即將出現的「狀態」，再說明現在已經出現的「狀態」。例如未來會有衰弱的狀態，從現在已經太強的狀態可以預見，因為現在的太強，就已經露出未來將會衰弱的徵兆。例如《易經》大壯卦九三爻的過於剛強，就已經註定將來會有上六爻衰弱且進退不得的慘狀。這是老子對於天道物理及人事規律發現的深刻創見，完全與《易經》的義理相通，可惜後代學人因為無法與老子的心相應而誤用，而小用了。

3 有所主張，就有所隱蔽

「道」被隱蔽的時候，就出現真偽；言論被隱蔽的時候，就出現是非。

道家認為人有所主張，就有所隱蔽，一個特別凸出的作為，必然導致它本身走向反面，最後反而使得這個特別凸出的作為被吞噬，而解消了它的凸出。這就是「此生則彼生」、「有無相生」，「反者道之動」的道理，也就是說，一體的兩面同時俱生的意思，《易經》稱為綜卦。對立的雙方是彼此相生的，所以在現實生活中，如果我們太彰顯某一事物，就會引動對立面事物的萌生。

莊子喜歡用寓言、重言（藉重古人的話）、卮言（隨機應變的話），《易經》用符號，都是為了避免言論成為一種障礙，反而使得原先所要彰顯的「道」被隱蔽了。

4 莊子「不事王侯，高尚其事」的理想

人的存在少不了形形色色的限制，這是現實生命的內容與過程，無法改變，也無法逃避。

我們除了面對現實以外，還需要有對未來的憧憬，稱為理想。人有了崇高的理想後，就能為自己的現實處境提供明確的方向，同時也能激發自己生命的潛在動力。

莊子生在戰國亂世，又困處在弱小的宋國，他深知面對戰國時代這樣的大亂局，自己無能也無法改變現實，只能接受面對，並將自己生命的重心放在道家思想的學習上。

莊子學習老子，推廣道家，終其一生在學術上的成就斐然。對於莊子而言，他的理想不是要成就治國平天下的豐功偉業，而是真真實實的過著每一天。

莊子的理想是提醒世人對於自己的人生要有大清醒，不要以為人間現實的一切就是我們人生的全部，追求生命的安頓與逍遙自在，才是人類最大的嚮往。

《易經》蠱卦上九爻說：「不事王侯，高尚其事。」非常符合莊子在亂世中的選

擇。在《莊子．秋水》中，提到楚王派了兩位大夫來遊說莊子做官，莊子當時正在濮水邊釣魚，聽了兩位大夫說明來意後，莊子頭也不回的說：「我聽說楚國有一隻神龜，已經死了三千年了，楚王把它裝在竹箱裡，還蓋上了手巾，非常慎重的供奉在廟堂上。這隻龜是寧可死了，留下一把骨頭讓人尊敬的供奉著呢？還是願意活著，拖著尾巴在泥地裡自由自在的爬行呢？」

莊子用這樣的比喻來表達他「不事王侯，高尚其事」的理想。兩位大夫聽後，只能無言的離開，不敢再說服莊子出來做官。

5 老子以嬰兒做為理想人格的象徵

老子說：「專氣致柔，能嬰兒乎？」老子以嬰兒來做為理想人格的象徵，不是因為嬰兒有什麼修養或境界，而是著眼於嬰兒生命本真的「德」。「德」是我們人得之於「道」的稟賦與特質，沒有雜質滲入的純真，因為長大後有了貪欲、好強、爭名、逐利，而逐漸走失了我們本真的一，也就是「道」。所以老子說：「載營魄抱一，能無離乎？」意思就是精神和形體能合一而不分離嗎？

「道」是一個整體，宇宙萬物都在「道」裡面。當我們修練到能夠從「道」來看待一切，從整體來考量一切時，我們就會有平等心，不會有分別心，對於所有發生在我們身上的禍患、苦難、損失、不公，就比較能夠淡然處之，因為得到就是失去，失去就是得到，從整體來看其實沒有所謂個人得失的問題。

人有生老病死，物有成住壞空，時有春夏秋冬，國有興盛衰亡，所以老子說：「功遂，身退，天之道也。」所謂「狡兔死，走狗烹，飛鳥盡，良弓藏」，也是指這個道理。

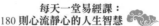

證諸歷史，范蠡幫助句踐復國，張良幫助劉邦立漢，事成之後，斷然引身而退，終能安享晚年。反之，李斯、文種、韓信，事功之後，貪戀名利、權位，終遭陷害。所以老子又說：「持而盈之，不如其已；揣而銳之，不可長保；金玉滿堂，莫之能守；富貴而驕，自遺其咎。」滿招損，謙受益，人類歷史中這樣的例子，真是不勝枚舉。《易經》六十四卦、三百八十四爻，吉凶參半，唯獨謙虛退讓的謙卦，六爻無一不佳，不是吉，就是利，個中奧妙，值得吾人深思玩味。

6 自知者明，自見者不明

老子認為做為一個承擔天下重責大任的聖人，應該自知自愛，而不能自見自貴。

自知即自知之明，有自知之明就能知道常道。自愛是充分展現生命本身的自在天真，而不把生命當做是爭逐名利權勢的工具。自見就是自身愛現，標榜自己，賣弄炫耀，搶盡天下人的光彩，而陶醉其中。自見的人當然看不到自己以外的天下人，所以老子說：「自知者明，自見者不明」。自貴是高貴自己，抬高自己，高貴自己是人生最大的憂患，所以老子說：「貴大患若身」，高貴自己的人會追逐名利權勢來抬高自己，而與天下的人對抗。

最後，老子做結論說：「是以聖人自知不自見，自愛不自貴，故去彼取此。」彼指自見自貴，此指自知自愛。

老子、孔子、蘇格拉底都強調人要有自知之明，蘇格拉底說：「我所知道的，是我一無所知。」孔子說：「知之為知之，不知為不知，是知也。」老子說：「知不知，尚矣；不知知，病也。聖人不病，以其病病，夫唯病病，是以不病。」意思是說知道自己有所不知最好，「尚」同音通假，就是上的意思。不知道卻自以為知道，這是嚴重缺點，得道的聖人因為能把自己的缺點當作缺點去改善，它所以沒有缺點。

我們如果只看到事物的表相，便以為洞悉事物的真相，或對某些事物只是一知半解，卻裝作行家，賣弄炫耀，這就是老子所謂的病了。有道的聖人之所以能沒有病，是因為他們隨時處於一種高度自覺與自省的狀態，遇有不知即探索原因，並反躬自省，在沒有徹底了解之前，絕不妄言，絕不輕言。

《易經》復卦談復性、復道、復原，在初爻開始就說：「不遠復，无祇悔，元吉。」不遠復就是不遠即復，稍微偏離正道，馬上修正回來，叫做不遠復，可以得到最為吉利的回報。孔子解釋為：「不遠之復，以修身也。」正因為有在做修身養性的工作，所以稍稍偏離，馬上回頭，這就是典型的自知之明。

7 忘我忘物的功夫境界

瑞典有一句諺語說：「無論你轉身多少次，你的屁股還是在你的後面。」意思是說，不論你怎麼做，永遠會有人說你不對，永遠會有不同的聲音反對你。

莊子形容修道有成的人的境界：「舉世而譽之而不加勸，舉世而非之而不加沮。」就算全天下的人都稱讚他、誇獎他，也不會使他更振奮；就算全天下的人都否定他，也不會使他更沮喪。

能夠修練到莊子所說的這種如如不動的境界，絕不是一、兩年的功夫可以做到。《易經》艮卦卦辭說：「艮其背，不獲其身，行其庭，不見其人，无咎」。「艮其背，不獲其身」是忘我的小乘功夫；「行其庭，不見其人」是忘物的大乘功夫。必須同時擁有忘我與忘物的功夫，才能達到如如不動的境界。

8 謀與動的辯證關係

謀與動的關係，大致上有不謀而動、謀定而後動、謀定而不動三種類型。不謀而動失敗率最高，偶爾成功，那是僥倖運氣好。謀定而後動成功率比較高，例如《易經》論述豐富的卦象豐卦，就是典型的謀定而後動，所以能夠豐收、豐富、豐盛。若搭配莊子所謂「用」的概念來做對照，謀定而後動就是「用而用」。

至於謀定而不動，一定有特殊的考量，譬如屬於天時的時機尚未成熟，或屬於地利的地理條件不佳，或屬於人和的欠缺適當高手，若搭配莊子所謂「用」的概念來做對照，就是「不用而用」了。不用而用其實也是用，只是暫時不用而已，終究還是用，這是以不用來達成用的高級功夫，類似老子的「無為而無不為」，以無為來達成無所不為。

以《易經》潛卦六條龍來做區分詮釋，初九潛龍，屬於暫時不用。九二見龍，屬於等待提攜的用。九三惕龍，屬於戰戰兢兢的用。九四躍龍，屬於或用或不用，需考量具體形勢，再做定奪。九五飛龍，屬於任賢用能的大用。上九亢龍，屬於完全不用，用則不利。最後，「用九，見群龍無首，吉。」意思是剛而能柔，既有乾的剛健特色，又有坤的柔順特質。見群龍是屬於乾的剛健，見群龍無首是屬於坤的柔順。用九以剛健為體，以柔順為用，能這樣剛柔並濟，獲得吉利是必然的結果。所以用九見群龍無首，是包括「用而用」及「不用而用」兩種的互補應用。

人生的用或不用，沒有絕對的標準，應該參酌主觀條件及客觀形勢，綜合考量與研判，比較能心中有數。《易經》作者認為每一個動，每一個用，都逃不開元吉、大吉、吉、无咎、悔、吝、厲、咎、凶九種結果。吝是困難的意思，厲是危險的意思，咎是災難的意思。

人生的用或不用關係成敗得失，所以要「敬慎」才能不敗。時可進，可動，可用時，才能進、動、用。時不可進，不可動，不可用時，則不能進、動、用。進退之間的拿捏，時是最重要的依據。

9 只有引動內心真實的自我才能真正改變

每個人的一生都有他獨特的成長背景、獨特的歷史、獨特的性格、獨特的遭遇、獨特的經驗、獨特的學習過程、獨特的價值觀，以及日積月累所塑造的言行模式（習慣），又豈是別人的一句話就可以改變。所以，老子才說：「多易必多難」，意思是如果把事情看的太容易，那麼事情反而會變的更困難。

一個人的改變必須有特殊的造化，特別的領悟，或難得的教訓，引動內心真實的自我，這樣的改變才可能是真正的改變，才會是脫胎換骨的蛻變。

天下事都需要有相關條件的配合才能成事，《易經》漸卦說「漸之進」，特別提醒我們循序漸進的道理，值得我們反思、琢磨與玩味。

10 逍遙遊就是不斷解構與建構的過程

莊子的「逍遙遊」是優遊自在，無拘無束的意思。「逍遙」音同「消搖」，消是搖的前提條件。消是消解的意思，消解也就是解構的意思，解構什麼？解構自己的成見，解構自己的慣性，解構自己的執著。

搖是搖動，啟動的意思，啟動新的思考契機，建構更高級的思維程式。所以逍是解構原來的自己，遙是建構新的自己。用《易經》變卦或之卦的觀點來說，也就是使自己的卦象產生改變，而且是往好的方向改變，最後使自己變成不是自己。

莊子說鯤魚化而為鵬鳥，從在水裡游，變成在空中飛，這是一種高級而且徹底的消搖轉化，是「逍遙遊」所要暗喻的深刻功夫境界意涵。

11 獨自一人的尊榮和寂寞

《易經》太極圖中的陰陽魚首尾相接，其中白色的魚眼和黑色的魚眼，代表「陰中有陽，陽中有陰」。中間分割陰陽魚的不是直線而是曲線，代表宇宙的生命力是處於持續運作的狀態。

同時，白魚首接黑魚尾，黑魚首接白魚尾，代表「物極必反」的自然律則。任何人事物一旦壯盛到極點，必然向它的對立面發展，所以處於老陽非常壯盛時，少陰已經悄悄的誕生。同理，處於老陰非常壯盛時，少陽已經默默的萌生。所以老子也說：「物壯則老，是謂不道，不道早已。」過於壯盛違反自然律則，很快就會結束。

少陽、老陽、少陰、老陰，都只是一個暫時的狀態，宇宙中沒有一個人事物的狀態可以永久停留，高到不能再高時，就會往下走了，這就是盛極而衰的道理。明白這個道理，就能勝而不驕，敗而不餒。

人生要步步驚心，不可掉以輕心。一旦坐上飛龍在天，九五至尊的位置，不管自己想或不想，願意或不願意，都能享受絕對的權力和威儀，但也終究都要面對獨自一個人的尊榮和寂寞。

12 物來則應，物去不留

道家的覺悟功夫表現在「無心」，心像一面鏡子，只作映射呈現的工作，把一切反照回去，不像底片會留下所有的足跡。所以莊子說：「至人之用心若鏡」，至人是指境界最高的人。

鏡子的功能是物來則應，物去不留，完全不留一絲痕跡。《易經》咸卦的「咸」字意同「感」字，但少了心，也就是說我們必須做到「無心」才能與萬物相感應。《易經》咸卦的無心感應，意義如同老莊的無心及鏡子。

孔子也說：「無欲則剛」，一個人可以做到內心沒有欲望，生命就會像天一樣的陽剛勁健。

13 現代文明人已經是變種人

老子說：「十個人當中，有三個人是壽終正寢，有三個人是提早死亡，有三個人是死於富貴，只有一個人是悟道而歸。」

《易經》乾卦居人位的九四爻是上不在天，與超越界脫離，下不在田，與自然界脫離，中不在人，與他人脫離，內不在己，與自己脫離。九四這樣與天、地、人、己疏離，已經不是「原人」或「真人」，無法悟道而歸。

真人是人的原型，現代文明人已經是變種人。莊子書中提道：「古之真人……」可見在中國古老的戰國時代，變種人就已經出現。孔子從來沒有離開他的「天」、他的「信念」，所以內心非常充實。

牛頓說：「我們要站在巨人的肩膀上」，《易經》坤卦也說：「先迷後得主」。《易經》、《道德經》就是一個巨人，就是一座大山，就是一大智慧，值得我們努力師法。

14 財富可以成就一個人，也可以毀滅一個人

將財富當做實現理想的工具（手段），那麼財富可以成就一個人；將財富當做人生追求的目標（目的），那麼財富將會將帶來災難。

小人為物欲所害，富有時只能獨享、不能分享，而且驕傲，所以老子說：「富貴而驕，自遺其咎。」《易經》大有卦九三爻說：「公用亨於天子，小人弗克。」克是能的意思，小人在富有時不能分享，叫做「弗克」。

以前在農業社會時代，如果當年豐收，稱為大豐年，又稱為「大有」。《易經》大有卦有兩個意思，一為大獲所有，是富有的意思；二為大家都有，是均富的意思。大家都有是一種均富思想，不是少數人壟斷一切資源，這就是孔子說的「富而能仁」的精義所在。

15 依理順勢，無往不利

做為一個人都有他的普遍性和特殊性，普遍性是指人之所以為人的共通性或自然條件，特殊性是指每個人都不同的本來樣子或獨有的特色。

莊子的獨到見解是「依乎天理，因其固然」，亦即做人要有做人的道理，叫做依乎天理。同時也要認識自己，展現自己的獨特性，活出自己生命的精彩，叫做因其固然。

世間有許多的事情都有他的規律，明白這些規律，才不會逆勢而為，或輕舉妄為，徒增挫敗的煩惱，這也是依乎天理的意思。《易經》開頭乾坤兩卦的深刻意涵，就是在告訴我們，為人處世的道理必須依理順勢。俗話說：「有理走遍天下，無理寸步難行」，這也是人類千錘百鍊所濃縮的人生經驗。

「理」是常態的人間規則，「勢」則是動態的時空條件，只有理勢兼備，做人做事才能無往不利。

16 老子靜中有動的深刻體會

老子操作功夫的「靜」，並不是不動的意思，而是靜中有動，像《易經》的艮卦一樣，靜中有動。

《易經》的艮卦卦象中有震卦，艮為靜，震為動，所以說靜中有動。

老子說：「孰能濁以靜之徐清，孰能安以動之徐生。」就有靜中有動的深刻體會。《易經》的漸卦和歸妹卦兩卦是靜吉躁凶的概念，躁是躁動，輕率急躁的意思，靜是躁的相反意，有動而不躁，沉穩厚重的意涵，所以老子說：「重為輕根，靜為躁君，……輕則失根，躁則失君。」

17 人生修證很難，容易退轉

老子說：「人之迷，其日固久。」莊子也說：「人之生也，固若是芒乎。」《繫辭傳》說：「聖人以此洗心，退藏於密，吉凶與民同患。」

《易經》復卦談復性之理，從不遠復、休復、頻復、獨復、敦復、到迷復，可見人生修證很難，成敗善惡往往只是繫於一念之間，想要永不退轉，真是談何容易？當局者迷，以為走的是正路，其實早就走火入魔而不自覺。

復性重點在於自知，復卦一陽初生，是生生之幾。老子說：「自知者明」，知過能改，知過速改，就不會造成太大的遺憾。孔子弟子顏淵能夠不二過，正是符合復卦初九「自復」的道理。

18 蔽而新成，革故鼎新

學習道家的重點在於把握「道」的實存之道、規律之道與法則之道。「道」是一個未分的整體，若隱若現、若有若無、不明不暗，迎之不見其首，隨之不見其後。

從「道」來看宇宙萬有，其實一切根本沒有變化，本來就是這樣，所謂「太陽底下沒有什麼新鮮事」，佛學稱為如如不動。莊子在〈齊物論〉中說最高的智慧，就是已經體會到「從來不曾有任何東西存在過」。

一個能夠把握「道」的規律的人，做任何事不會要求圓滿，正因為不圓滿、有所不足，才能夠一直去舊創新，這就是老子所說「蔽而新成」的意涵。

為什麼《易經》最後一個卦是沒有完成的未濟卦？人生是一個走向完美的過程，一旦抵達完美，就往下走了。俗語說「驕兵必敗」，「滿招損，謙受益」，都是經驗上的常態。

人生其實是沒有完成，沒有完美。老子說：「蔽而新成」，就是因為處於不圓滿，人才能繼續成長，生命就是一趟實踐易道的歷程，生生不息。

19 生命可以轉化，也可以提升

莊子大鵬南飛的寓言，象徵人的生命可以轉化，也可以提升。從鯤魚變成鵬鳥就是轉化，轉化是指心靈的轉化；鵬鳥向上高飛九萬里高空就是提升。

轉化與提升的關鍵要領在於身心的淬鍊，身心的淬鍊到達某一個程度後，人的心靈就變成靈台與靈府，能與道冥合，然後精神就產生，莊子稱為「精神生於道」。

大鵬從北往南飛，南在《易經》是離卦，是光明的意思，往南飛就是奔向光明。從老子的思想來說，光明代表從認知提升到智慧，由智慧得到覺悟之後的狀態。

20 盡人之智的一流領導功夫

《道德經》第六十五章，老子說：「古之善為道者，非以明民，將以愚之。」我們在研讀老子這章時，必須與第二十章，老子說：「我愚人之心也哉。沌沌兮，俗人昭昭，我獨昏昏，俗人察察，我獨悶悶。」對照研究，才不會有老子是「愚民政策」及「反智論」的誤解。

老子希望統治者以愚人自稱，正是自我消解的修養功夫。聖人的昏昏無心和悶悶無為，與昭昭有心和察察有為，正好是素樸與精明的對照。老子主張「道法自然」，聖人應無為，無心而為，百姓才能無不為，積極作為，這才是一流領導的境界。

《易經》頤卦的卦象是下震上艮，震為動，艮為止。下卦代表被領導者、被管理者，上卦代表領導者、管理者。下震上艮，下動上止，正是上無為，而下有為的治道象徵。

在第三十七章，老子說：「道常無為而無不為」，聖人體道、悟道、法道，所以領導的功夫看似愚鄙而不精明，實際上是大智若愚，內斂涵藏。

悟道的統治者在領導上，必然表現充分盡人之智而非盡己之力的一流功夫。

21 每個人都是一個具體而微妙的存亡事實

生命本身充滿複雜性與不確定性，人的存在可以很簡單，也可以很艱難。同樣的道理，人的自我結束有時很簡單，有時又很複雜。

其實最難的不是存在，而是為什麼存在？最難的不是自我結束，而是為什麼選擇一死了之？任何對於生命存在或不存在的過於簡化、粗糙或化約的獨斷詮釋，以及對於一死了之的責任或原因的想當然耳的歸屬，或自以為是的歸屬，常常不是生命存亡的真相，而且也忽略了每個人都是一個具體而微妙的存亡事實。

只有當我們能夠認知到生命的存在其實沒有標準答案，生命的自絕也沒有單一的解釋時，或許我們才能開始尊重生命，不論是活著或是死亡。《易經》以乾坤談天地，談陽陰，談日夜，談生死。換句話說，乾代表天、代表陽、代表白天、代表存在；而坤代表地、代表陰、代表晚上、代表死亡。但乾坤不是絕對的概念，或者說陰陽不是絕對的概念，陰陽是相對的，陰可以變成陽，陽也可以變成陰，陰陽是同時存在的，生死也是同時存在的，它們都在整體中，無所從來，也無所從去。變化的只是表象而已，而本質從來沒有變過，用老子的思想來說就是「道」從來沒有改變過，「道」的特性是「獨立而不改，周行而不殆」，是永恆的存在。

「道」產生萬物，又讓萬物回歸到「道」中，如此循環反復，生生不息。萬物從「道」而來，老子稱為「出生」，又回到「道」裡，老子稱為「入死」。如此出生又入死，出生又入死——永無止盡，形成一個沒有起點，也沒有終點的圓，老子用「反者道之動」一句話來形容。

22 萬物在根本上是相通的

我們說宇宙萬物，既然稱為萬物，從「萬」的角度來看，當然各有特色，各有差異，都是唯一的不同，莊子說：「吹萬不同。」宇宙長風吹向大地，穿越萬竅不同的形狀，而產生萬籟不同的聲音。萬竅不同的形狀，是來自於不同的萬物。

同理，既然稱為萬物，從「物」的角度來看，自然都屬於同一個層次的東西，其實沒有什麼不同。換句話說，從表面來看，萬物當然是萬物，都不相同，但若從根源、根本來看，其實是萬物一體，並無不同，他們都是老子所謂「道」的一部分，同屬於「道」的範疇之內，自然是一體的。莊子也說：「自其異者視之，肝膽楚越也；自其同者視之，萬物皆一也。」也是同樣的思路。

《莊子》中的虛擬人物王駘，雖然因為犯罪而被砍掉一隻腳，但他看待自己失去的那隻腳，就像被棄置的泥土一般，因為他視萬物為一體，只從相同之處來看待萬物，因而看不見自己喪失的腳。

王駘就像靜止的水，完全清澈、透明，所以他能照見萬物在根本上是相通的。一般人患得患失的心，王駘已經遠遠超越了，他的肢體殘障，而心靈卻是完好如初。一個已經達到萬物一體境界的人，能夠完全包容差異，不但存異求同，而且還能化異為同，這也是《易經》坤卦如大地般完全包容的偉大德行。

《易經》夬卦五陽決一陰，論形勢，講實力，五個陽要將一個陰解決掉，完全沒有困難，但這樣做絕對不是上上之策。若能用愛心、耐心、恆心、包容心，來循循善誘上六陰爻，使它願意脫胎換骨，也變成陽爻，才是視萬物為一體的智慧與大愛做法，也才是「健而悅，決而和」的太極思維展現，太極思維其實也是太和思維。

23 《莊子．逍遙遊》大鵬南飛主題寓言的啟示

大鵬南飛主題寓言主要有三個啟示，這三個啟示的用意都在於提升人的功夫境界。

啟示一：人的生命有轉化與提升的可能性，用鯤魚化為鵬鳥就是象徵生命的轉化。再用大鵬鳥怒而飛上九萬里高空，就是象徵生命的提升與真正自由。

啟示二：大鵬南飛的「南」，以《易經》後天八卦來看是離卦，離卦象徵光明的意思。因此南飛象徵生命從黑暗走向光明，以求心靈上的安頓。而光明對於道家而言，又是象徵智慧覺悟後的狀態。

啟示三：道家強調智慧覺悟，對於沒有見識的批評或嘲弄不必理會，也不用放在心上。蜩與斑鳩的見識有限，它們無法體會大鵬的目標，而且它們早就已經接受並習慣於自己既定的生存環境與模式，我們無法也不必去要求它們能欣賞大鵬南飛的志趣與功夫境界。

24 有時間意識才有痛苦意識

生物都是順著本能而活在當下，沒有時間意識，因為沒有時間意識，也就沒有死亡的痛苦意識。人就不一樣了，不只有自我意識，還有時間意識，知道時間的意義，知道自己一生的時間是有限的，特別是隨著年紀愈來愈大，失去的時間也就愈多，愈能感受到奔向死亡的痛苦。所以，當我們邁向六十歲的時候，稱為「奔六」，邁向七十歲的時候，稱為「奔七」，邁向八十歲的時候，稱為「奔八」。看來用「奔」這個字是具有時間意識的深刻意涵的。

莊子說有一種小蟲子，叫做「朝菌」，早上出生，晚上就枯死，所以它永遠不會知道什麼叫做一個月。有一種蟬叫做「蟪蛄」，或春生夏死，或夏生秋死，所以它也永遠不會知道什麼叫做一年。

生命有限是人生最大的限制，而知識是無限的，莊子說：「吾生也有涯，而知也無涯，以有涯隨無涯，殆已！」殆是疲倦困乏的意思。人生的智慧並不是建基在知識累積的基礎上，一葉落而知秋是智慧，如果等到樹上的全部葉子都落下，才知道冬天來臨，這是知識，不是智慧。

《易經》坤卦初六爻說：「履霜堅冰至。」孔子在《小象傳》解釋說：「履霜堅冰，陰始凝也，馴致其道，至堅冰也。」霜是秋天的現象，堅冰是嚴冬的現象。腳踩到秋天的霜，就能預知到寒氣已經在凝聚中，嚴冬即將來臨，這是智慧，不是知識。

人生一轉眼就過了，能做的事情實在有限。爬不到高位，覺得遺憾，爬到高位，卻躲不過墜落。

25 入吾彀中

在五代王定保的《唐摭言・卷一・述進士上篇》中提到，唐太宗有一次親自去視察御史府。御史府是以前考進士的地方，看到很多上榜的進士綴行而出，當下非常高興地說：「天下英雄，入吾彀中矣。」入吾彀中，就是在我的掌握（圈套）之中。

生命才情是我們的可能，也是我們的限制。《易經・繫辭傳》說：「一陰一陽之謂道」，人生有什麼，就會沒有什麼。自古功名顯赫的名將與謀臣，很少有人能全身而退。

著述集法家大成的韓非，被延攬進宮後不久，就被秦始皇毒死在監獄中。商鞅變法強秦，是中國歷史上唯一變法成功的英雄，卻因得罪少主，慘遭車裂之刑。漢朝開國功臣韓信，先遭貶抑，後被逼謀而敗亡。年羹堯替雍正打天下，位居一品，可惜他恃才傲物，狂妄自大，終因功高震主，在一日之間連降十三級。康熙八歲即位，由鰲拜等權臣輔政，但因鰲拜擅權跋扈，最終給自己帶來幽禁至死的命運。著名史學家司馬遷作《史記》，論斷千年人事得失，成就非凡，自己卻不能免禍，慘遭宮刑。班固作《漢書》譏評司馬遷，結果自己也深陷大戮之刑。范曄作《後漢書》以此為嘆，最後自己還不是牽涉謀反而被殺。

莊子說人生就像「遊於羿之彀中」，后羿是神射手，我們在他的靶心行走，能不受傷嗎？其實每一個人都遊於羿之彀中，這是人生的存在處境。

26 有謙德的人才能治理國家

謙卦是《易經》最好的一個卦，卦辭說：「謙亨，君子有終。」初九爻說：「謙謙君子，利涉大川，吉。」君子能夠做到謙而又謙，就算冒險犯難，也能順利無礙。

老子尚水，因為水性向下，大海能容，屈居最低處，完全符合謙的義理。莊子在〈徐無鬼〉中說：「以賢臨人，未有得人者也；以賢下人，未有不得人者也。」臨人有居高臨下的味道，而下人是指擁有賢良的名聲，又身處高位的君子，卻甘願居於他人之下，這就是謙謙君子的風度，當然能獲得人心，眾望所歸。

管仲在臨終前，沒有推薦自己的恩人與知己的鮑叔牙當宰相，令齊桓公百思不解。管仲說：「鮑叔牙性情高潔，放不下身段，容不得人，而且嫉惡如仇，如果讓他來幫您治理國家，恐怕對上對下都不能應對得體，最後還會得罪於您。不像隰朋對上對下都能溝通，身處高位也能放下身段，謙卑恭謹，對不如自己的人，也有充分的同情心，能容得下人，用他來當宰相是最適合不過的了。」換句話說，鮑叔牙與隰朋相較之下，隰朋具有謙德，能勝任宰相一職。

27 人活在世上，最難的是下判斷

人活在世上，最難的是下判斷，判斷的對或不對，要看相關的條件是否成熟。條件成熟，做任何事都會水到渠成。

人或萬物都有他的適當時間，時間不對，時間未到，刻意的作為只是白忙一場，理想和目標都會落空，這是老子崇尚「無為」，無心而為的意思。這也是莊子強調「不得已」的精義。

莊子所說的不得已，不是無可奈何的負面意思，而是指相關條件成熟時，就得順勢而為；相關條件不成熟時，就應順勢不為。為與不為，完全看當時條件的狀況而定。

《易經》艮卦，孔子的詮釋是：「時止則止，時行則行，動靜不失其時，其道光明。」進退行止的判斷依據，就在於時間、時機、時勢是否合適，這和莊子不得已的意涵，也有異曲同工之妙。

28 不給傷害留下餘地

莊子說：「至人之用心若鏡」，至人的心靈就像一面鏡子，把人間一切的醜陋都反射回去，把人間一切的塵垢都反射回去，把人間的一切的紛擾也都反射回去。因為心只是像鏡子般，所以只是當下反射，當下完成，沒有存檔，也沒有底片，這樣的心不會有任何的負擔，也不會受到傷害。莊子說：「至人之用心若鏡，不將不迎，應而不藏，故能勝物而不傷」。

孟子說大丈夫可以做到「富貴不能淫，貧賤不能移，威武不能屈。」為什麼富貴、貧賤、威武都不能動搖大丈夫的心，因為大丈夫的心裡面對那些東西完全沒有欲求，他「無心」啊！無心是無掉對名利權勢的心。無心就能像天地一樣的自然，孔子說：「無欲則剛」，人能心中無欲，就能跟天一樣的剛強。《易經》乾卦為天，具備剛健之德，沒有人可以傷害天，也就沒有人可以傷害至人或大丈夫的心。

人的心會受到傷害，追根究柢都是因為人的心有所求，或要名，或要利，或要權，或要勢，才會在心裡面留下可以被人攻擊或傷害的弱點、要害或死穴，老子稱為「死地」。

29 《易經》咸卦與莊子聽之以氣的對照

《易經》的咸卦是感應的意思，咸與感雖然意思相同，但一個是無心的感應，一個是有心的感應。無心的感應是非常深微的功夫，跟莊子所說的「聽之以氣」有異曲同工之妙，是無心功夫所開顯深微的生命感應境界。

這樣的生命感應可以穿越時空，融合萬物，是沒有距離的一體之感，是千千萬萬人的身體如同一個身體，是千千萬人的心如同一個心，是千千萬萬人的感覺如同一個感覺，這才能叫做「聽之以氣」，否則莊子為什麼要說：「無聽之以心，而聽之以氣。」所以，聽之以氣也即是以無心來聽，用無心來感，這樣聽之以氣的氣已經不是個人的氣，而是交融無間的天地一氣。這個交融無間的天地一氣，絕不是個人身體的氣，應該是自由自在，超離個人身心之上的氣，這樣來對照莊子所說的：「通天下一氣耳」及「遊乎天地之一氣」的一體境界，才能說的通。

蘇東坡在寫〈前赤壁賦〉的時候，想必也有過這樣無心感應的密契經驗，才會寫出：「惟江上之清風，與山間之明月」這種話。普天之下的人都在同一輪明月的光照之下，都在同一個清風的吹拂之中，這樣才能叫做「通天下一氣耳」及「遊乎天地之一氣」。

無心感應的密契經驗以前稱為神秘經驗，密契經驗是一種偶然得到的經驗，無法刻意求得。

30 「道」不能做為人認識的對象

老子以「無」來形容「道」的生化奧妙，以「有」來形容「道」的作用廣大。「道」既是天地萬物的根源，同時又擔負生成天地萬物的責任。「道」是一個整體，宇宙萬物包括人在內，全部都在這個整體的「道」裡面，所以「道」不能做為人認識的對象，若想以人有限的認知能力而認識道，那是不可能的任務。「道」只有我們能修練到拋棄自己是主體，而道是客體的分別心之當下，才能證得，並與「道」合一。

蘇東坡的「不識廬山真面目，只緣身在此山中」，說的正是這個道理，人在山中的一點，怎麼可能認識整體山的真面目。其實老子所說的「道」，就是宇宙萬有的整體，易言之，「道」是整體，整體是「道」。從老子「道」的觀點來看待萬物，那麼「一即一切，一切即一」，如同從易經「太極」的觀點來看待萬物一樣，也是「一即一切，一切即一」。

第四章

運用恰到好處的處世態度，避免世間煩惱

1 多重象徵的易經符號

《易經》是用符號作為象徵的一本書，用符號來象徵變化多端的人事物，有「以簡御繁」的非凡效果。

以符號作為象徵也是一種比喻的做法，比喻是人類智慧的展現。特別是《易經》符號的象徵是「多重的象徵」，正因為符號有多重的象徵，所以應用的層面就非常寬廣，舉凡人生所有遭遇的問題或抉擇問題都能自由套用，沒有窒礙。

《易經》占卦與解卦的模式和原理，若用二十世紀心理學家榮格（Carl Jung）的觀點，就稱為「共時性原理」，共時性原理亦可稱為「同時性原理」。

「共時性原理」與「歷時性的原理」不同，歷時性原理所談的是線性的因果關係，而共時性原理則類似現在互聯網的網絡關係。

在這個世界裡同時發生的事情之間，有一種微妙而互為因果的關係。換句話說，偶然發生的事情其實都有它的意義，都在展現某種意義，透露某種信息，榮格稱之為「有意義的巧合」。

《易經》這一本書是一套完整的模型或密碼，是人類生活經驗凝練的智庫，只要地球依然如序運轉，人性仍然大致相同，那麼不管經過多少年代，《易經》解答提問的精準功能就依然存在。

2 人生重大決定要兼顧天地人鬼神五大面相

牛頓在慶祝八十大壽時，即使桃李滿天下，很多學生稱讚他在物理學上的成就非凡，牛頓卻謙虛的回答：「謝謝你們，我的知識還是非常的少，我不過像一個赤身露體的三歲小孩兒，在海灘上玩，撿到了幾個從海裡沖出來的貝殼，至於知識的汪洋大海是什麼？我還不知道。」牛頓還說：「如果我比別人看得遠，那是因為我是站在巨人的肩膀上。」

大家都在猜雅典誰最聰明？蘇格拉底說：「為什麼神認為我最聰明，因為所有的人裡面只有我知道一件事，那就是我一無所知。」

《易經》六十四卦中唯一從開始到結束，不是「吉」就是「利」的只有一卦，那就是謙卦。謙亨，君子有終。謙字從言從兼，人生重大決定一定要兼顧天、地、人、鬼、神各個面相，儘量達到周全的考慮，並找到一個決斷的平衡點，是「謙」的深刻意涵。天地指客觀形勢，人指自己的主觀條件與對手的主觀條件，鬼、神是指隱微而不易看清的一面。

3 為什麼身體健康，心理正常，卻不快樂？

人類生命的結構包括身、心、靈三個區塊。心理學大師榮格為人治療心理疾病，最後不得不問：「許多人身體健康，心理正常，但是並不快樂，原因何在？」。

人本主義心理學家馬斯洛（Abraham Maslow）晚年提出「Z理論」，人在自我實現之後，還須往上致力於「自我超越」，以便能抵達靈性之海。

「病」意味著身心與「道」不一致而造成的失衡。病包括疾、疑、痒、惑等，凡是不健康的想法（偏差認知）所產生的疾病統稱為「病」，如果沒有偏差的認知，沒有不當的欲望，就叫做不病、病已、去病、不惑，而《易經》則稱為「喜」。

《易經》坎卦有陷、險、心病、加憂、疑慮等意思，成也多疑，敗也多疑，《易經》稱為「疾」。所以《易經》「疾」與「喜」的意思恰好相反對比，病癒了就稱為「轉疾為喜」。

4 專家只是訓練有素的狗

英國著名詩人艾略特（T. S. Eliot）在戲劇詩《岩石》（*The Rock*）中說：「我們在訊息中失去的知識，到哪裡去了？我們在知識中失落的智慧，到哪裡去了？」從艾略特的詩中清楚表達了訊息、知識與學問三者之間的差異。

在現代資訊科技的時代，每天都會湧入大量五花八門、道聽塗說的訊息在我們眼前，讓人眼花撩亂，進而麻木不仁。但這些爆量的訊息，不見得是知識。知識是經過系統性的探討而形成的，每一個領域都可以形成專業的知識。因此，高等學府分科分系，所培養出來的博士，事實上只能稱為窄士、專士或專家，而不是真正博學多聞的博士。偉大的科學家愛因斯坦是科學專家，自己都說：「專家只是訓練有素的狗。」可見專家是有專業，有知識，但不一定有智慧。

孔子說：「君子不器」，就是在勉勵君子不要只是做一個專精有用的器皿，應該超越器用的「專」，向整體的「博」邁進。什麼是智慧？為什麼智慧有別於知識？智慧是對於宇宙人生完整而根本的理解，同時這種理解必定會帶來具體態度與行為的改變，這種改變是否經得起終極的考驗，那只有死亡來臨之前的那一刻，才會是真正的考驗。

總而言之，訊息會讓人愈多愈迷惘，因為公說公有理，婆說婆有理。而知識是局限的、狹隘的，只能作為謀生的專業與工具而已，無法作為安身立命的依據。唯有智慧具有完整與根本的特性，才能讓我們與自己的關係，與他人的關係，與大自然界的關係，與超越界的關係，都能維持一定的和諧狀態，讓自己的言行可以一致，身心靈可以合一。不論面對人生的任何處境或際遇，都能在態度與行為上，像孔子所說的「無可無不可」，完全像水一樣，是流動的，是彈性的，是柔軟的，是權變的，該怎麼樣，就能怎麼樣，這就是不器的真正意涵。

《易經》六十四卦中，最能彰顯孔子無可無不可功夫境界的卦，非隨卦與巽卦莫屬。隨卦有隨時適變、隨機應變的意思，而巽卦像風一樣，無孔不入，能夠靈活權變。

5 觸及偉大作品與偉大精神的契機

偉大的作品及偉大的精神，與陷溺在日常生活的瑣細裡，兩者之間是否可以同時存在？亦即專注於日常生活而用心算計與經營的人，能否體會偉大的存在？

如果一個人對於日常生活付出了全部的心力與注意力，有沒有可能因此使他對日常生活以外的存在，特別是偉大的存在渾然不覺？

一個不曾與偉大作品、偉大靈魂或偉大精神交會的人生，會不會太貧瘠，會不會太可悲？一個人如果只是在日常生活裡的成敗得失中來來去去，只是在日常生活裡的喜怒哀樂中糾纏不清，那麼可貴的偉大，連擦身而過的機會都沒有，遑論感受到偉大，甚至見識到偉大。

偉大的德語詩人里爾克（Rainer Maria Rilke），在他的作品〈安魂曲〉（*Requiem*）中說：「我有我的逝者，我必須讓他們放手離去，——我們只需練習這個，讓彼此放手離去，因為要緊抓著很容易，我們不需要學習。在某處藏著古老的敵對關係，我們的日常生活與偉大作品之間——別回來，如果你忍得住，當個逝者留在逝者之間，逝者有自己的工作要做。」里爾克在這首詩裡，非常深刻的詮釋了他的哲學思想，他認為日常生活與偉大作品間存在著彼此敵對的關係。更精確的說，他們之間存在著某種不能相容的關係。亦即只有當一個人能擺脫日常生活的羈絆，他才有機會觸及到偉大。用尼采（Friedrich Nietzsche）的「超人說」來說，就是超越人性，才能去追求偉大、感受到偉大、見識到偉大。

在詩中里爾克表達了多情與無情的矛盾，他認為真正的愛或要朝向偉大的愛，要學會放手，讓逝者離開。只有讓逝者與我們的日常生活完全沒有關係，我們的愛才會自由，才會偉大。

西方文明的特色透過近代的發展，不只是追求科學的定理和應用，還有一股巨大的追求偉大，擺脫日常生活的人文精神和精神能量。他們終於體會到陷溺在日常生活瑣事而算計的人，無法理解偉大，更無從參與偉大文明的創建。因為偉大的人、偉大的作品，都來自超越的靈魂及超越的精神。

綿延五千年的中華文化，也有很多偉大靈魂與偉大精神的偉大作品，如三玄：《易經》、《老子》、《莊子》。四書：《論語》、《孟子》、《大學》、《中庸》等。

《易經》艮卦取象為山，有阻礙及停止雙重意涵，前者顯示人生修練的艱辛，後者彰顯人生修練的境界。人生總是情欲相伴，阻礙重重，必須修練調伏內心，適可而止。艮卦卦辭說：「艮其背，不獲其身，行其庭，不見其人，无咎。」「艮其背，不獲其身」七個字，是忘我的境界；「行其庭，不見其人」七個字，是忘物的境界。忘我的境界是佛學小乘的功夫境界，忘物境界是佛學大乘的功夫境界。孔子在《彖傳》裡詮釋說：「艮，止也。時止則止，時行則行，動靜不失其時，其道光明。」時止則止，時行則行，動靜不失其時，這是何等了不得的功夫。《易經》艮卦一個卦，就已經將佛學高級經典《法華經》的精華一語道盡，堪稱是偉大精神力量的展現。

東方莊子逍遙遊的境界，是偉大精神力量的展現，這種精神力量的產生，就是透過心齋、坐忘的修練，超越日常生活瑣事的羈絆，所達到的偉大。

在西方，耳聾後的貝多芬完成知名的九大交響曲和三十二首鋼琴奏鳴曲。前者成功的將人聲和樂曲天衣無縫的完美結合，讓人聽不到個別的樂器聲。後者讓鋼琴發出最多樣、最豐富、最複雜的聲音。貝多芬透過這二項超越的驚人成就，終於使他離開日常的庸俗瑣碎，進入所謂偉大的殿堂。

大名鼎鼎的哲學家海德格，在他的內心深處，認為詩人與哲學家具有同等的地位。海德格認為真正的語言，是符合「道」的言說，他說：「有人滔滔不絕的說了許多，但實無『道』說；有人沉默不語，卻在不說中『道』說許多。」海德格認為能深思存有的思想者與能道說存有的詩人，基本上都是東方所謂悟道的人。海德格說：「一切凝神之思就是詩，而一切詩就是思。兩者從道說而來相互歸屬，這種道說已經把自身允諾給被道說者。」

依照海德格的說法，一切凝神之思就是詩，而一切詩就是思。所以，德國詩人里爾克所說的：「日常生活與偉大作品間存在著古老的彼此敵對關係」，就是海德格的凝神之思與悟道之詩，應無疑議。

6 陰陽不測之謂神的命運

影響個人命運的因素很多，有主觀的，有客觀的，有靜態的，有動態的，而且這些因素又會交互作用，相互影響，產生複雜的變數，左右著人的命運走向。

一個人的命運就是一個人一連串遭遇的組合，這些遭遇都不是完全偶然的，也不是完全必然的。正確的說，應該是偶然中有必然，必然中有偶然，用《易經》的專業術語來說，就是「陰中有陽，陽中有陰」。

現代量子物理學認為宇宙是建立在粒子和波動的二象性和測不準原理上，《易經》稱之為「陰陽不測之謂神」。陰陽二股力量的交相作用，相互影響，會產生很多的變化，而且這些變化是難以精準預測的，因為變數實在太多，而且變數本身又處於動態的變化之中，如何能「鐵口直斷」，遽下斷語？豈不是害了廣大的眾生。

7 合十推一的高級思維方式

哲學（Philosophy 或 Philosophia）是由古希臘語的愛（philos）和智慧（sophia）組合而成，也就是「愛智慧」的意思，所以哲學的本質即是「愛智慧之學」。世界名著《蘇菲的世界》（*Sofies Verden*），內容啟人哲思，其實《蘇菲的世界》，正是意謂著「智慧的世界」。

中文的「哲」字，也是「智」的意思，「哲」字由「吉」字轉意過來。「吉」字從「士」，從「口」，「士」字有「合十推一」的深刻意涵。合十推一是「一統」的高級思維方式，亦即用一種最高的「智慧」來理解及統一天下的萬事、萬象。例如孔子的「仁」，老子的「道」，《易經》的「易」。

這種合十推一的高級思維方式正是古典中國哲學的精神所在，孔子的千古名言：「吾道一以貫之」，堪稱道盡了箇中的奧義。

8 塵世是一個受苦及磨難的場所

旅人的塵世是一個受苦的地方，是一個磨難的場所，也是一個修練的道場，更是一個可以得救的空間。

所有的成、敗、得、失、酸、甜、苦、辣、吉、凶、禍、福都是旅行中的必要內容。經由這一個「苦、集、滅、道」的淬鍊過程，人才完成他的「功課」，才完成他的「轉化」，成為真正的人，莊子稱為「真人」，孔子稱為「君子」，老子稱為「聖人」，易經稱為「大人」，尼采稱為「超人」，佛經稱為「菩薩」。

對人而言，所謂的成長，其實就是一種不斷「解構」和「建構」的過程。解構那些不合時宜的認知、思想、信念、見解、觀念、思維方式、法則……等等，重新建構符合時宜，與時俱進的思維方式和思想內容。

換言之，成長就是一個人軟體程式的不斷更新與晉級，從一．〇到二．〇到三．〇到四．〇到五．〇到六．〇……螺旋上升，永無止盡。

9 智慧必須包含兩項要件

何謂「智慧」？智慧必須包含兩項要件：一、「整體性」；二、「根本性」。一個有智慧的人，會從整體與根本來看我們人生的所有遭遇，因而比別人看的深刻。十八世紀德國哲學家費希特（Johann Gottlieb Fichte）認為一個嚴密的哲學體系應該是像笛卡爾那樣，從一個最高的、明確的、無誤的、不證自明的第一原理出發，按照其內在的必然性，以嚴明的邏輯推理出來的系統，這樣的哲學體系將涵蓋智慧的兩項要件，「整體性」與「根本性」。

作為中國古典之首的《易經》，非常明顯的就具備這兩項要件，所以《易經》是大智慧學，殆無疑義。

10 易經特有的共時性思考

瑞士心理學大師，分析心理學始祖榮格，讀過傳教士衛禮賢（Richard Wilhelm）花了十年時間準備，最後與清末學者勞乃宣所合譯的《易經》以後，才理解到《易經》在心理學上的重要性，並體驗到《易經》龐大的力量。

榮格發現案主提問的問題與《易經》的回應間，存在著相應的關係，兩者之間的相應並非以因果律為基礎，而是「有意義的巧合」，榮格稱為「共時性」定律。「共時性」定律是與因果律平行的另一個定律，意謂著兩個無關事件有意義的同時發生，而且兩者之間存在著心理意義的一致模式。

人和宇宙之間互相聯想的力量非常強，學好了《易經》，很容易就能聯想到生命的每一個面向，稱為「共時性的思考」，有別於時間序列的「貫時性的思考」。

以東西方的經典做比較，《易經》還是一部比較特殊的、巔峰創造的經典。《易經》的思想系統是以符號象徵來詮釋生命的現象或變化，《易經》的每一個卦都是通透天人、陰陽和正反的模擬，將生命的貫時性（歷時性）、一體性（共時性），以及獨特性（唯一性），充分展現無遺。

11 創傷也是一種太極

《易經》的符號是屬於「非語言領域的密碼」，透過尋找解碼的線索，才能找到相應而適切的答案。

當自己面臨生命的困局時，藉由答案所顯示的《易經》卦爻辭的哲學思考，能使自己的靈性（覺）脫離心理（心）的束縛，而處於清朗澄明的狀態。一旦人的內心能處於清朗澄明的狀態，便能突破迷霧，看清現狀和事態發展，或做出符合主客觀條件的精當取捨，或展現靈性「自動修復」的能力。

榮格認為精神官能症是一種「假性痛苦」，這種症狀是深層無意識衝突的表象。症狀來自於「無意識的訊號」，告訴我們心靈的問題，顯現無意識心靈的真實性。催眠治療大師，美國著名精神病醫師艾瑞克森（Erik Erikson）也說：「症狀代表一個沒有說出來的故事」。

創傷後壓力症候群形成的傷害，是一種情緒性的傷口，需要透過自我察覺的治療模式與內在轉化，才能獲得療癒。若要轉化內在的創傷，必須學會以迂迴的方式向它挑戰。

創傷也是一種太極，兼具破壞力與建設力，到底會展現為破壞的力量，使生命淪落？或者展現為轉化的力量，使生命昇華？完全取決於案主面對創傷後壓力症候群的態度和方式。

12 心有常閒的從容涵養

陶淵明說：「心有常閒」，意思是心境能經常保持悠閒的狀態。這種「活得從容」的修養功夫，老實說不是那麼容易就能做得到。

人生從容與否，關鍵不只是態度與心境，還包括計劃與調控的作為。用管理學的觀點來說，包括事前管理、事中管理及事後管理。《中庸》說：「凡事豫則立，不豫則廢。」豫是預備，事先準備的意思，立則是成功或成就的意思。「凡事有準備才會成功，沒準備就會失敗。」一個人做任何事情，必須事先要有完善的計劃，包括縝密的思考、全面的評估、周詳的規劃，然後再按照計劃逐步去執行，就能達成預定的目標。若是事先沒有任何準備，只靠臨時抱佛腳，或邊想邊做，邊做邊想，那就很難有所成就或成功。《易經》豫卦就是在論述這樣的道理。

事前管理的重點在於充分準備，事中管理的重點在於全力以赴，事後管理的重點在於檢討改善，收拾心情，重新出發。

13 決策的目的是要改變系統狀態

在決策的過程中，我們所作的選擇，並不是選項方案的本身，而是他們所帶來的新的系統狀態，用《易經》的術語來說，叫做「卦變」。因此，決策的目的，本質上就是在改變問題的系統狀態（原卦象），使其朝向更符合理想的系統狀態（新卦象）前進。

決策的過程因為涉及客觀上很多外在的變遷，以及主觀上個人內在的思考模式、決策習慣、方法、要領、經驗、知識、能力、好惡、私心、習慣、人格特質的限制，不只是愚笨的人會做出錯誤的決策，有時甚至是最聰明的人，也會做出令人想像不到的愚蠢決策。

企業的經營或人生的經營，基本上是一個不斷決策的過程，有效的決策自然產生有效的經營成果或生命品質。如何在適當的「決策成本」下，做出正確的決策是非常重要的課題。

決策的本質是一種認知的心智活動，牽涉到事實的認知和價值的取捨，所以會有判斷，有選擇，有取捨，有妥協。

心理模式是由個人的信念、態度、觀念、想法、做法、判斷、思考、反應、習慣、規則、歷史、知識、文化傳統，行為模式、管理架構及內建記憶等因素所組成的人性軟體。

經過長時間的教育訓練與人生歷練後，幾乎每一個人都會發展出他特有的態度、習慣以及對事情的看法及做法，經由日積月累強化的結果，最後型塑出個人獨特的心理模式，個人獨特的心理模式常常是左右個人決策的隱形因素，關係到決策的成敗。

14 以高超的智慧向超越界開放

《易經》與現代宇宙觀有關，以牛頓物理學為基礎的「機械論」宇宙觀，主張宇宙是一部機器，內在沒有動力。物質加上外在的動力，就形成了整個宇宙的變化，稱之為「機械論」的宇宙觀。

西方科學從牛頓物理學，到愛因斯坦的「相對論」，再到「量子力學」，一路發展到二十世紀，科學家才發現宇宙是一個有生命的有機體，稱之為「機體論」的宇宙觀。

機械是可以拆解的，而機體則「動一髮牽全身」。《易經》主張宇宙是一個整體，整體中所有的存在都息息相關，是道道地地的「機體論」宇宙觀。《易經》是宇宙的一部大書，六十四卦，三百八十四爻，是一個整體，互動的整體。

為什麼人很難了解整體？因為「不識廬山真面目，只緣身在此山中」，伏羲「觀象設卦」的「觀」是一種「直觀」，直觀的人與被觀的對象是一個整體，處於「合一的狀態」。

古代中國文化的核心是以生命為中心的宇宙觀，以價值為中心的人生觀，及不斷向超越界開放的態度。南宋辛棄疾所寫的〈賀新郎〉說：「我見青山多嫵媚，料青山見我應如是。」就是以生命為中心的宇宙觀。

人的心智的三個潛能知（真）、情（美）、意（善），就是以價值為中心的人生觀。莊子說：「天地與我並生，萬物與我合一。」就是不斷向超越界開放的態度，莊子思想的精采處，就在於以高超的智慧向超越界開放。

所謂「超越界」，是指人的經驗與理性所無法企及的領域。人如果沒有超越界的信仰、信念和盼望，人生就很容易陷入虛無的境地。哲學家康德的名言：「有兩件事物我愈是思考愈覺得神奇，心中也愈充滿敬畏，那就是我頭上的星空與我內心的道德準則。他們向我印證：上帝在我頭頂，亦在我心中。」孔子也說：「君子有三畏，畏天命，畏大人，畏聖人之言。」天命就是來自超越界，指天的命令或指令。

15 既即又離的功夫

《聖經》裡保羅說：「我們活在這個世界，但不屬於這個世界。」這就是「既即又離」的意涵。用白話來說，「即」就是進入現場，「離」就是抽離現場。「蓮花出汙泥而不染」，出汙泥的蓮花是多麼的美。這也是「既即又離」的意涵。「百花叢中過，片葉不沾身。」真正是「既即又離」的高級功夫展現。

人活在世上，人間社會是一個人與人之間所構成的充滿複雜性與變化性的結構體，《易經》叫做「錯綜複雜」。我們若想要在這個充滿複雜性與變化性的結構體中，能夠順利生存與發展，就必須練就「既即又離」的功夫，才不會因沉迷而陷入到不能自拔的絕境。

16 《易經》同時性原理的理性指引

「因果性」可以合理的理解及掌控，知道這件事情發生了；「同時性」不能合理的理解及掌控，必須透過人的「心靈力量」而顯現出來，實際感受到這件事情發生了。

心理學大師榮格認為同時性是有意義的巧合，科學無法說明，藉由人的心靈力量，同時性可以顯現。《易經》卜卦就是了解同時性的方法，榮格認為同時性的體驗，具有能夠帶領人的內心世界走向良好方向的力量。

人有理性，卻最不懂得時機，順應時機。動物只有本能，其反應卻都能順應時機。人往往逆天而行，不該言而言，不應行而行。孔子說侍候領導者容易犯三個過失：「侍於君子有三愆：言未及之而言，謂之躁；言及之而不言，謂之隱；未見顏色而言，謂之瞽。」還沒到說話的時機，就搶著說話，這叫做「急躁」。已經是說話的時機，卻還不知道說話，這叫作「隱避」。不能察言觀色，沒有看對方的臉色，就隨便說話，這叫作「盲目」。

人有理性，卻常做不理性的行為。有時藉著《易經》同時性原理的卜卦，也能指引帶領人走向正確及良好的方向。

17 自我招致的未成熟狀態

啟蒙是一種引導的教育方式，如果是考試領導教學的強制教育，勢將落入哲學家康德在〈何謂啟蒙〉文中所謂的「自我招致的未成熟狀態」。

《易經》蒙卦是古代中國文化中有關教育的最高指導原理，對於啟蒙有極為深刻的看法。《易經》作者認為一個人處於蒙蔽時，必須有求知的誠意與主動作為，想要求得通達，才能有機會自我超越。

一個人如果沒有達到困惑難耐，沒有達到猶豫不決又非決不可，而主動前來請求啟蒙時，老師就不應該給予指導和啟發，因為只有讓蒙蔽者產生求知欲望或處於求知飢渴時，啟蒙才會有好的效果。《易經》說：「非我求童蒙，童蒙求我。」童蒙只是一種比喻的說法，凡是處於蒙蔽或困惑中的人都稱為「童蒙」。

18 像鴿子一樣的純潔，像蛇一樣的機警

耶穌派遣門徒出去傳教時，特別叮嚀他們：「你們要像鴿子一樣的純潔，並且像蛇一樣的機警。」內心純潔，必然待人真誠；反應機警，必然遇事靈活。

有一句美國諺語說：「第一次受騙，是別人壞；第二次受騙，是自己笨。」真誠的人容易受騙，所以必須搭配機警來輔助，才不會在傳教的過程中傷痕累累。

孔子曾說：「好仁不好學，其蔽也愚。」機警是要多方面學習的，否則光是靠一顆行善的心、真誠的心，也是無法避免挫折、痛苦和失敗的下場。

《易經》中孚卦就是在闡述真誠不欺的道理，而隨卦是在闡述隨時適變、隨機應變的道理，值得我們借鏡學習。

19 人只是吊在深淵上的繩索

《中庸》說：「誠者，天之道也；誠之者，人之道也。」誠者是指天道運作法則的真實無妄，不會有變化。誠之者是指人法天道讓自己真誠，這是人的正確的生存法則。

人是所有生物裡面具有選擇能力，能自由思考的動物，所以人才有真不真誠的問題。當我們選擇真誠的時候，我們才是真正的「人」。當我們選擇不真誠的時候，我們只是把自己當作一種生物在表演，當作一種工具在使用，我們可以做任何我們想做的事，但這些事的成就對我們成為一個「人」，並沒有任何幫助，除非我們是以真誠去做這些事。所以哲學家尼采說：「人只是吊在深淵上的繩索」，深淵的一邊是「未完成的人」，深淵的另一邊是「超人」，超人是已完成的人，是「大地的意義」，大自然之所以能有意義，是因為有超人的存在。

人只要做到真誠，就會發現內心所要求的，與超越界所設定的標準是一致的，這就是王陽明所說的：「心即理」，也是孔子所說的：「隨心所欲不逾矩」。

《易經》无妄卦重真誠，當動則動，當止則止。《大象傳》說：「天下雷行，物與无妄。」萬物依據上天所賦予的本質與能量（老子稱之為德），順理行事，順勢而為，叫做无妄。

20 真誠是儒家思想的精髓

顏淵問仁的意思，孔子說：「克己復禮為仁，一日克己復禮，天下歸仁焉。為仁由己，而由人乎哉？」顏淵再問：「請問其目？」孔子說：「非禮勿視，非禮勿聽，非禮勿言，非禮勿動。」顏淵說：「回雖不敏，請事斯語矣！」

克己復禮的「克」應該解釋為「能」，在《易經》的爻辭中，凡是出現「克」字的，都是解釋為「能」。因此克己就是能自己做主，化被動為主動的意思。「克己復禮為仁」意思是指一個人能夠自己做主去實踐禮，因為能夠自己做主去實踐禮，就會走在自己人生的正途上。

希臘雅典德爾菲神殿上刻有三句話，其中兩句：一、認識你自己：一個人能真正認識自己，在生命的過程中，自然能當家做主，不會迷思及迷失。二、不要過分：凡事要知道適可而止，不要做過了頭。

人要如何才能成為完整的生命，也就是具有道德價值？必須做到認識自己，能自己做主，化被動為主動，主動遵行規範，才能具有道德價值。為什麼能主動？因為內心真誠，才有力量，由內而發。因為真誠而能主動，就是整個儒家思想的精髓。

21 簡單減法人生

多多益善是傳統貧窮社會的思維，面對現代複雜又多變的社會，適可而止的思維，才能活出簡單而快活的人生。

對付複雜，不論是複雜的人心、複雜的商品、複雜的政治、複雜的媒體、複雜的問題、複雜的關係、複雜的糾葛……等等最有效的方法就是「簡單」兩個字，以簡卸繁。

古往今來，凡是偉大的思想或學說，常常是以簡單的方式來表達，像《易經》的原理就是用陰陽兩個象徵符號，來說明複雜多變的人生，並指引人們該走的方向。

孔子對於學習《易經》的心得，在《繫辭傳》上有一段針對簡單所說的話，他說：「易簡而天下之理得矣，天下之理得而成位乎其中矣。」意思是說明白乾坤簡單容易的道理，就能通達天下的道理，能通達天下的道理，就能成就自己的理想和使命。

生活簡單就是一種享受，心思簡單就是一種真善美，任何作品愈簡單愈能打動人心，愈能引起共鳴。《湖濱散記》（*Walden*）的作者梭羅（Henry David Thoreau），在美國還不是很富裕的時候，就首先提倡生活簡單的概念。《湖濱散記》這本書記載了梭羅在瓦爾登湖簡單而隱逸的生活。梭羅認為停止浪費的習慣，才能體會生命的本質。

簡單不等於簡陋，只是不複雜而已。簡單是一種恰到好處、適可而止的處世態度，可以避免因複雜而帶來的煩惱和煩躁。

22 三權分立制衡，鼎足而立

十八世紀法國思想家孟德斯鳩著有《法意》一書，闡述法律的核心精神，甚為深刻明晰，影響現代民主法制甚為深遠。

現代民主國家講究公權力的互相制衡，主要以三權分立為主，立法、行政、司法三權分立制衡，彷彿三足鼎立般，平衡穩重，相得益彰。

其實中國古代在《易經》及《尚書》中，早就有政法平衡，尊重司法獨立的類似觀點。

《易經》噬嗑卦《大象傳》說：「明罰飭法」，制定罰則，以申張法律的尊嚴，是立法權的象徵。賁卦《大象傳》說：「明庶政，無敢折獄。」庶即眾，明庶政就是做好眾多行政管理工作，使政治清明，折獄即司法審判，無敢折獄就是強調行政應嚴守中立，尊重司法的獨立審判權，絕對不能介入干擾。豐卦卦象為「明以動」，察明真相後，再依法判決，《大象傳》說：「折獄致刑」，正是依法審判，明確量刑的意思，因此豐卦屬於司法權。

三權之中行政權要依法行政，司法權要依法審判，而立法修法是國會的職權，所以三權之中以立法權為至高無上。立法修法時必須客觀謹慎，不可為政治服務而配合立法或修法，否則立法權的至高無上，勢必墮落成至低無下，而為人唾棄。

23 悟道的人通曉這個道理

東晉哲學家張湛說：「夫萬事可以理推，不可以器徵。」萬事可以理推的「理」，是抽空了感覺經驗的一種純粹邏輯形式，如相信大之外還有更大，就是一種理推。「不可以器證」說的就是感覺器官的侷限性了，感官經驗的「智」，對於「道」是無法企及的。

《列子》通過描述世界的無限性來提醒人們，不要過於依賴自己的經驗理性，才能消除心智和感官對於領悟至道的阻礙。愚公名為「愚」，卻用他那種違背常識的方式獲得了至道，因為他那種超出日常限度的恆心與專注，與《莊子》書中的痀僂者承蜩一樣，補蟬一個接一個，彷彿信手捻來般的不費吹灰之力，讓孔子看得目瞪口呆。這是「意專則與神相似者也」的功夫，正符合了忘智凝神、寂然玄照的體道方式要求。

何謂寂然玄照？只有憑藉「神」和「理」，才能「忘智體神」與「忘情任理」，才能「寂然玄照」，能寂然玄照才能觀照「道」的真諦。寂然玄照的元素「神」是指抽空了一切情感和理性的狀態，元素「理」是指「道」的「理」，如「無心」與「無為」。

老子說：「道可道非常道」，能直接用語言來說的「道」就已經不是「道」的本來面目。所以關尹喜說：「善若道者，亦不用耳，亦不用目，亦不用力，亦不用心。欲若道而用視聽形智以求之，弗當矣。瞻之在前，忽焉在後，用之彌滿六虛，廢之莫知其所。」關尹喜所說見「道」的方法就是寂然玄照。

事物的存在是有條件的，存在只是暫時的，存在的自身過程，簡單來說就是發生，發展，消亡三個階段。用《易經》的乾卦來說，潛龍是陽氣潛藏在地下，見龍是陽氣普施於萬物，惕龍是陽氣在上升的過程中，有反有復，但未脫離他的固有軌道，躍龍是陽氣躍起上進了，飛龍是陽氣發展到鼎盛，亢龍是陽氣發展到了盡頭該退下去了。當陽氣已經升到最高點時，造就萬物的功德就已經完成了。

西方人以前看世界是靜態的，直到近代達爾文以後才有動態的宇宙觀，中國人很早就有動態的宇宙觀，《易經》就是典型的動態的宇宙觀。《易經》六十四卦是動態的，六十四卦代表宇宙持續變遷的過程，六十四卦也代表六十四個不同的進展階段，進展階段都在時間之流中進行。六十四卦代表時間，如果是乾卦，原則上是適合行動的時間，如果是艮卦，原則上是不適合行動的時間。卦是代表卦時、時機、時勢，爻是代表爻位、位置，從卦爻可以得知一個人目前的機會、危機、問題、優勢、弱勢等等。因為卦爻辭本身就是吉凶的判斷及意義的解釋，人對時的判斷與掌握，可以說是成事的關鍵與吉凶的樞機。時機不同，情勢就不一樣，所以說：「形勢比人強」。

《易經》六十四卦有天道，有地道，有人道。天道是無吉凶的，所以六十四卦、三百八十四爻，缺一卦，缺一爻都不行，都不能構成完整的整體。人道的吉凶本質上是來自於人的欲望，所以趨吉避凶的秘方，其實在於修養自己的德行，化解自己的欲望。柏拉圖說：「一個人最重要與最大的勝利是征服自己，最可恥與最卑鄙的莫過於被自己的私欲所征服。」美國政治家富蘭克林說：「在跨越誘惑之門的時候，僅僅依靠道德的力量往往是不夠的，只有充滿了剛毅精神和高貴品格，我們才能避掉致命的誘惑。美好的情感是能帶動我們生命向前航行的風，而理智則是這艘船的舵，如果沒有風，船就不會前進，如果沒有舵，船就會迷失方向。在超越誘惑的時候，情感和理智都在我們心中，就看我們如何去把握。」可見不當的欲望，才是人道吉凶得失的本質。

《易經》一書包涵義理與象數兩大部分，義理是指做人做事的道理，象數是解決人生困惑的方法。《易經》的義理就是我們修養德行的最佳指引。

24 宋朝讀書人的座右銘

亞里斯多德說：「任何人都會生氣，但是在什麼時候，對什麼人，生什麼氣，氣到什麼程度，則很難控制。」亞里斯多德是在強調心性調控與情緒管理的重要和難度。

樊遲請教如何辨惑？孔子說：「一朝之忿，忘其身以及其親，非惑與？」子張請教如何辨惑？孔子說：「愛之欲其生，惡之欲其死；既欲其生，又欲其死，是惑也。」孔子認為困惑來自於「情感」和「情緒」，情緒無法調控，情感無法調節，就會產生困惑及一連串複雜的問題。

卡謬（Albert Camus）比沙特（Jean-Paul Sartre）少八歲，出道比沙特晚，兩個人曾是生死之交。一九五七年卡謬就獲得諾貝爾文學獎，比沙特整整早了七年，沙特覺得很受傷，雖然曾是生死之交的好友，最後兩個人還是絕交，分道揚鑣。

子張問何謂「明」，孔子說：「浸潤之譖，膚受之愬，不行焉，可謂明也已矣。浸潤之譖，膚受之愬，不行焉，可謂遠也已矣。」。浸潤之譖的「譖」，音蟬，誹謗他人的言語。浸潤之譖意指讒言如水般的滲透，不容易察覺，而且是暗中在慢慢發揮作用。膚受之愬的「膚受」，是親身感受的意思，膚受之愬的「愬」，音素，是誣告的意思。膚受之愬意指親身感受著直接惡毒的誹謗的痛。不行，是行不通，意指不為所動。明是心思明智的意思。遠是境界高遠，超凡脫俗。子張問怎樣才算是明智，孔子說：「直接惡毒的誹謗你，說你壞話，彷彿水的滲透般，像親身感受著疼痛般，而且又在暗中慢慢的發揮作用，你都能不為所動，那你已經稱得上是明智的了，稱得上是境界高遠，超凡脫俗的人了。」孔子用受到饞言的誹謗中傷，而能不為所動的比喻，來詮釋明智與境界高遠的意涵。

孔子說：君子有九思，視思明，聽思聰，色思溫，貌思恭，言思忠，事思敏，疑思問，忿思難，見得思義。老子說：「善戰者不怒」。孫子說：「主不可以怒而興師，將不可以慍而致戰；合於利而動，不合於利而止。」孔子、老子、孫子所說的金玉良言，都是心性修練的重點。

孔子說：「富者不仁，仁者不富。」富者不仁，是因為重外不重內；仁者不富，是因為重內不重外。《易經》損卦談損欲的修練，損欲修練的成就，就是損卦懲忿窒欲的成就。所以，宋朝讀書人是以損卦修養的「懲忿窒欲」四個字，做為他們人生的心性修練的座右銘。

25 人生的智慧不是建立在知識的豐富上

如果用圓圈來比喻一個人所具有的知識範圍，那麼圓圈愈大，就代表知識愈多愈廣。圓圈愈大的，周長也愈長，那麼他所能接觸的無知的部分也愈多。

宇宙的知識就像一個沒有邊界的大圓圈一樣，一個知識領域愈大的人，愈會覺得自己的無知，因為他所接觸到的無限宇宙知識比圓圈小的人多很多。

莊子面對無限的宇宙知識，所採取的對策是選擇止步，承認那是無法企及的無限領域。在《莊子．庚桑楚》中，莊子說：「知止乎其所不能知，至矣！」莊子認為一個有智慧的人，知道在不能跨越的邊界前止步。這與二十世紀很有影響力的哲學家維根斯坦（Ludwig Wittgenstein）的一句名言不謀而合，他說：「對不可言說的，我們應該保持沉默。」保持沉默就是自知之明的表現。

其實在《莊子．齊物論》中，莊子早就說過：「六合之外，聖人存而不論。」天地之外的事物，聖人知道他的存在，但不去說他，聖人只說能說的，不能說的就擱在一邊。在《莊子．養生主》中，莊子說：「吾生也有涯，而知也無涯，以有涯隨無涯，殆已！」人的生命是有限的，而知識是無限的，以有限的生命去追求無限的宇宙知識，不是太疲累了嗎？

老子和莊子都認為人生的智慧並不是建立在知識的豐富上，所以老子才說：「為學日益，為道日損。」一葉落而知秋，《易經》坤卦初九爻說：「履霜堅冰至」，腳踩在霜上，就能預知嚴寒的冬天即將來臨。

這種見微知著的能力是智慧，不是知識。若是要等到看見葉子開始紛紛掉落了，才知道秋天到了，要等到看見全部的葉子都掉光了，才知道冬天到了，那是知識，不是智慧。

26 如何從心走向靈

從生命維度的觀點來看，基督教十字架的橫線，相當於四維度所投影出來的三維度人間世界，繽紛多彩的現象。十字架的縱線是精神能量的上通，與物質能量的下延。橫線與縱線的交會點，也就是十字架的中心點，就是我們身體心輪的所在。

心輪是三維度與四維度的界限所在，宇宙的維度或生命的維度不可限量，零維度的無極與無窮無限的N維度太極，已經絲毫不漏的含蓋了宇宙所有的信息，相當於老子所說的「道」。從零維以上到N-1之間的維度，都是分別、執著的幻相，正如佛陀在《金剛經》上所說的：「一切有為法，如夢幻泡影，如露亦如電，應作如是觀。」覺悟的佛陀、老子、莊子、孔子……等當然都是在生命的N維之中。

三維以下都是屬於增而又增的知識範疇，只有脫離三維的認知架構，進入到四維以上，才開始進入智慧的範疇。維度愈高，智慧就愈大，一直要上通到N維度，智慧才算具足圓滿，佛教稱為「摩訶般若智慧」。

就人體的身心靈而言，身是屬於三維以下的物質能量區，靈是四維以上的精神能量區，而心恰是三維通往四維的臨界點。所以，東方哲學的功夫修練都是在心上做，就是這個道理。人頭上的頂輪就是通往高維智慧的通道。

從心到靈的的修練方法，不是往外，而是往內。往外是用肉眼向外看，往內是用心眼向內觀。換句話說，就是向內觀照，簡稱為「內觀」。

為什麼內觀是通往高維智慧的門徑，因為佛陀悟道時說：「眾生皆有如來智慧德相」，可見人的自性就已具足圓滿智慧，就像N維的圓滿智慧一樣。《易經》屯卦，象徵人的誕生，卦辭說「元亨利貞」四德具全。孟子也說：「萬物皆備於我矣，反身而誠，樂莫大焉！」《中庸》說：「天命之謂性」，又說：「誠者，天之道也；誠之者，人之道也。」誠是人與N維般若智慧連結的管道，人若能在當下與N維連結，所產生的喜悅，是人世間任何的喜悅都無法相比的，佛教稱為法喜充滿。

在心上做功夫，老子的方法是「虛靜」，莊子的方法是「心齋」，列子的方法是「心虛」，佛陀的方法是「清淨」，王陽明的方法是「致良知」，孔子的方法是「敬畏」，孟子的方法是「思誠」。

總之，從心往靈提升的關鍵是構建高維度的心靈，而內觀的功夫修練是在心上做。透過洗心、靜心、敬心，讓心能夠徹底乾淨，完全平靜，宛如明亮的鏡子，或清澈的溪水，自然能達到致良知的目的，而且能與N維般若智慧連結合一。這就是中國哲學的「天人合一」境界，或佛教《華嚴經》的一真法界。

27 感應道交的心法

與神相感相應而獲得開示或解答的方法，各種宗教不同。儒家的方法是占筮，道教的方法是扶乩，基督教的方法是祈禱，一貫道的方法是飛鸞。

飛鸞的操作是由天、地、人三才，分工合作來完成。天才代表天，手持木筆；地才代表地，手持紙筆；人才代表人，手持翻耙。一貫道三才的概念，是來自於《易經》卦象天地人三才組合之概念的實務運用。

獲得啟示的操作程序是天才以木筆在沙盤上書寫，地才用紙筆做筆錄，人才則唸出字句，然後用翻耙將沙盤耙平。天才再繼續在沙盤上書寫，地才予以筆錄，人才再唸出字句，然後耙平沙盤。如此反覆操作一段時間後，就能得出一篇神明啟示的妙文，作為信徒的神降啟示或行為引導。飛鸞又稱為揮鸞，有揮毫揮筆如飛的意思。

天才能有如此能耐，是因為已經與神明相感相應，神明借天才的的木筆傳達信息而已。在天地人三才的操作過程中，天才是閉著眼睛在沙盤中進行的，所以又稱為「開沙」。與神溝通獲得啟示的方式，好比現在電腦的搜尋引擎，只是連結資料庫的一種方法罷了。重要的是有沒有精準連結，有精準連結才能找到自己所需要的答案，各種宗教的方法容或有所不同，但祈求解惑指引的信念是一致的。

誠則靈，信則在，就像孔子所說的「祭神如神在」或《易經》咸卦無心感應的意思。咸通感，但沒有心，也就是沒有心，才能感應道交。所謂沒有心，是指沒有自私心，沒有預期心，沒有執著心，沒有貪求心，沒有分別心，內心空空如也，等待神明的指示，就像茶杯完全是空的，才能任憑他人倒水一樣。莊子稱為：「虛而待物者也」，虛是指心的虛空。

28 易經占卜的預測與決策功能

《易經》占卜方法論的特色，在於它是宇宙圖像的投射，是生命高維度訊息的連結。占卜是一種選擇，但比一般隨機性的選擇，有著更多感應的哲學意義，《易經》稱為咸卦。

咸是一種無心的感應，能夠超越生命三維意識相的限制，而與我們本來具足的自性智慧，及四維以上的宇宙智慧產生感應。三維空間是我們生存的空間，因為時間是定量的，所以意識有很多的執著，無法與四維以上的智慧產生感應。

透過占卜可以超越三維意識相的限制，產生無心感應的功能。使現實的事件或事變與宇宙圖像的投射產生連結，於是所得的卦象，可以使我們對於自己目前所處的境況，產生形象化的理解。這種形象化的理解，能啟發我們對於現實的處境，做出更有深度的詮釋，更有深刻意義的思索，從各種發展的可能性中凸顯出一種現實的可能性。透過現實可能性的凸顯，使我們得到一種觀照，一種自覺，達成主客觀的統一，能將我們的經驗與現實的狀況和未來的發展產生有機的結合，這樣就能幫助我們做出相應的預測及正確的決策。

29 人性的反思功夫

人生來就有天或「道」賦予我們的本性，儒家稱作天性，道家稱作德，《易經》稱為元亨利貞。

本性中的良知給我們判斷是非的能力，是我們做人處事的照明燈。孟子主張人性本善，人一生下來都是善良的，具足元亨利貞四德。許多人會在生命的過程中迷失了本性，《易經》稱為蒙卦，此時元亨利貞四德中的元德已經蒙塵。當人一旦失去了天真的本性，就已經不再是人，有時候甚至於不如禽獸。

《傲慢與偏見》（*Pride and Prejudice*）這本書，深刻的討論了人性的議題，透過珍．奧斯汀的眼睛，讓我們看到了上層社會惺惺做態的樣子，以及中下層階級與新興的中產階級所表現出那副攀權附勢的姿態，也令人不勝唏嘘。有人說，如果現實的社會是根木竹竿，那人性就是在竹竿上頭蜿蜒攀附的藤蔓，終究會趨於現實。

從奧斯汀身上，我看到了人的價值不在於他的階級或財產，而是內在高貴的道德與品性，以及反躬自省與自我覺知的能力。在小說中，每個人都有不一樣的性格，像達西先生傲慢，伊莉莎白偏見，韋克翰風流，賓利先生隨和，珍溫柔，莉蒂亞放蕩不羈，柯林斯愚蠢可笑，夏綠蒂把結婚當人生目標。六個不同性格的人，最後都擁有了婚姻，但有人幸福美滿，有人並不幸福。

孟子的人性本善，著重在生命先天本真的發揚，荀子的人性本惡，著重在生命後天迷失的教育。凡是具體的犯罪行為，或對於他人在行為上或態度上的傲慢、偏見與歧視，都是失去人性的表徵。對於現代人而言，如何培養內在的涵養與品性是非常重要的課題。

在生命的過程中，若只是做一個人，做一個自然人，或做一個好人，都是不夠的，應該往上提升為道家的真人或儒家的君子。要成為真人或君子，就必須隨時做好人性的反思功課，時刻檢視自己生命的移動方向，到底是遠離源頭的天或「道」？還是趨向源頭的天或「道」？這樣才能彰顯自己的生命本真。

30 溝通世界

溝通世界包括內在溝通世界與外在溝通世界，內在溝通世界是修己，包括內心對話、天人關係、思想、信念、價值觀、心境、情緒。外在溝通世界是善群，與人和諧相處。

孔子的「仁」就溝通世界的角度來說，包括內在溝通世界的「自覺」，與外在溝通世界的「感通」。從體用的觀點來說，仁的體是自覺，是內修，是克己復禮。仁的用是感通，是己所不欲勿施於人。

什麼是克己復禮？孔子說：「非禮勿視，非禮勿聽，非禮勿言，非禮勿動。」就是克己復禮。「克」是能的意思，克己就是自己能做主的意思。因此，四個「勿」的行為都是主動的，都是自己能夠做到的。所謂「仁者」就是指能夠做到「內自覺而外感通」的人。自覺感通的仁就是《易經》泰卦交感通暢的道理。

若從體相用的觀點來談仁，仁的體就是心境，展現在整部《論語》的思想中。仁的相就是行為，展現在《論語》二十篇的師生對話中。仁的用就是處世，展現在整部

《論語》的生活應用上。

「德」是一個總稱，包括思想、心理、態度、行為。從損人不利己，利己損人，利己不損人，到利己利人，就是德的提升。達爾文曾經從進化論的角度說：「脾氣暴躁是人類較為卑劣的天性之一，人要是發脾氣，就等於在人類進化的階梯上倒退了一步。」《易經》的損卦就是懲忿窒欲的修德功夫。

有效的溝通必須具備傾聽的神功、敏銳的知覺、同理心、寬容心、柔軟心、彈性的行為等元素。孔子說：「毋意、毋必、毋固、毋我」，就是非常柔軟的心與彈性的行為。溝通與溝通的風格密切相關，所謂溝通的風格，是指一個人在人際互動過程中，所表現出來的態度與思考表達方式。溝通風格呈現出溝通對象所喜好的互動模式，如果我們能掌握彼此間的溝通風格特質，並彈性因應，那麼絕對可以提高溝通的成效。

溝通的風格類型有親和型、表現型、分析型、駕馭型四種，如能瞭解自己與他人的溝通風格，在溝通的過程中，隨時調整溝通方式，將有助提升自己的溝通能力，並達成溝通的目標。

心理學家將高尚人性中，偏感性的部分稱為「同情心」，偏理性的部分稱為「同理心」。在語言溝通藝術上要注意開口不說重話，善用讚美與感謝的言語，用問問題代替直接的要求，以間接的語句指出他人錯誤，自我解嘲，多講對方喜歡聽的話，少講你想講的話，多說對方有興趣的事物，少扯你喜好或專業的話題。在口語表達的技巧上，要避免給他人隨意貼上標籤，絕不口出惡言，不說不該說的話，不說倚老賣老的話。最好能適當、適時引用數據，善用比喻，不批評，不責備，不抱怨，不攻擊，不說教。

《西藏生死書》中所提到的「人生五章」，徹底展現了擺脫習氣的禁錮，展現彈性的行為，以及人生境界的逐步提升過程，必須用心才能體會其中的奧義：

第一章：

我走上街
人行道上有一個深洞
我掉了進去
我迷失了……我絕望了
這不是我的錯

費了好大的勁才爬出來

第二章：

我走上同一條街
人行道上有一個深洞
我假裝沒看到
還是掉了進去
我不能相信我居然會掉在同樣的地方
但這不是我的錯
還是花了很長的時間才爬出來

第三章：

我走上同一條街
人行道上有一個深洞
我看到它在那兒
但還是掉了進去
這是一種習氣

我的眼睛張開著
我知道我在那兒
這是我的錯
我立刻爬了出來

第四章：
我走上同一條街
人行道上有一個深洞
我繞道而過

第五章：
我走上另一條街

人生五章從第一章：掉進洞裡，不承認是自己的錯。第二章：假裝沒看到，還是掉進同一個洞裡，仍然不承認是自己的錯。第三章：特別注意那個洞，但因為習氣使然，還是掉進同一個洞裡，但已經願意承認是自己的錯。第四章：看到那個洞，能擺脫僵化的習氣，繞道而過，沒有掉進同一個洞裡。第五章：完全超越習氣，不走同一條街，而走上另外一條街。這樣從第一章的陷於愚昧與習氣中，到第五章的完全超越自己，就是最典型修行的提升過程。生命的提升與超越完全是一個漸進的過程，不可能一步到位。這也是《易經》漸卦，卦象木在山上，漸長漸高的道理一樣。

第五章

適時而生，適時而去，求得「安身立命」

1 恰到好處不露形跡的功夫

天下父母都希望自己的兒女能夠成「器」、成「龍」、成「鳳」。所謂成器就是成就某種功能，產生某種作用。但是細究之，器又有層次、高低之別，從成器、小器、大器、到不器。

一個人大器而能大用，當然優於小器只能小用，但就算大器能大用，畢竟仍有其限制，唯有晉級到「不器」，才有無限的可能性，才能有無窮無盡的創造力。所以老子才說：「有之以為利，無之以為用。」「有」就是成器，用途有限，「無」就是不器，用途無限。孔子甚至直言「君子不器」，是君子就必須修練自己到達「不器」的境界，才能有時「用而用」，有時「不用而用」。「不器」才能彈性變通，權變無方，至於化境。

孔子在《易經．繫辭傳》中將巽卦列為憂患九德的最高境界，讚為「巽以行權，德之制也。」「制」為因時制宜，因地制宜，因人制宜的意思。孔子又說：「巽稱而隱」，「稱」是恰到好處，「隱」是「不露形跡」。巽卦功夫發揮到極致，就是「巽稱而隱」，恰到好處而且不露形跡，這不也是「不器」的意涵。

2 德治的潛移默化效果

孔子回答剛執政的年輕魯國大夫季康子有關治國的問題，孔子說：「政者，正也。子帥以政，孰敢不正。」又說：「君子之德風，小人之德草，草上之風，必偃。」同樣的道理，孟子也說：「上有好者，下必有甚焉者。」領導者若能以身作則，上行下效，領導的示範效果是非常驚人的。

孔子也曾經說：「為政以德，譬如北辰，居其所而眾星共之。」又說：「無為而治者其舜也與！夫何為哉？恭己正南面而已矣。」孔子的用心都在論證「德治」的潛移默化效果。

德治是儒家所強調的治理正道，讓大家能出自內心的自動自發，充分展現每個人的智慧與能力，同時又能達到整體的和諧關係。《易經》乾卦《彖傳》說：「乾道變化，各正性命，保合大和，乃利貞。首出庶物，萬國咸寧。」乾道變化創生萬物，都各自有他們的本性與天命，應該讓萬物依照他們各自的本性自然發展，叫做「各正性命」。在尊重個體的獨立發展外，也要保障整體的和諧，叫做「保合大和」。

《中庸》一書開宗明義說：「天命之謂性，率性之謂道。」《易經．說卦傳》說：「聖人作易將以順性命之理」，這就是「各正性命」的意涵。老子在《道德經》中說：「萬物負陰而抱陽，沖氣以為和。」，這就是「保合大和」的意涵。保合大和的前提必須剛柔互濟，陰陽和合。只有做到剛柔互濟、陰陽和合兩者都具備齊全，才能達到「利貞」的境界。換句話說，也就是完善治理的正道，稱為「利貞」。

3 儒道兩家對於「知」字的太極陰陽詮釋

對於「知」字，儒道兩家有不同的觀念側重。儒家是側重於太極的陽面或正面，道家則側重於太極的陰面或負面。

儒家的知是指我們的本心良知，而道家的知是指我們內在的心知執著。

老子說：「智慧出有大偽」，智慧出就是指心知的執著，有大偽就是指人為的造作。先有心知的執著，然後才會有人為的造作。

在《莊子．人間世》中，藉由孔子與顏回的對話，莊子表達出他對於心知執著與人為造作的看法。他舉夏桀的賢臣關龍逢與商紂的賢臣比干為例，兩位賢臣都有喜好賢德美名的心知執著，因此就會有人為造作的求實行為，以求名實相副，因此兩人都因忠心進諫，而引來殺身之禍。夏桀與紂王兩位暴君利用他們的人格修養及求名之實，而以下臣拂逆君上的不敬藉口，加以排擠入罪。

同樣的道理，堯禹兩位聖王都有喜好聖王美名的心知執著，因此就會有好聖王之名而求聖王之實的人為造作。儒家的聖王之道就是內聖外王之道，是用禮樂教化天下的一統理想。叢枝、胥敖、有扈這三個小國因為不願接受禮樂教化，堯禹聖王為了證明自己是名實相副的聖王，迫不得已只能不斷的用兵征伐來逼服三小國，將三小國夷為平地，以接受禮樂的文明教化，這可以從《易經》謙卦的上六爻得到印證。謙卦上六爻說：「鳴謙，利用行師，征邑國。」六五已經極盡謙卑實施禮樂教化，卻仍然有人不服教化，上六只好動用武力征服了。

道家的看法與儒家相反，莊子認為聖王之所以執著名以造作實，也是因為受到名實的價值制約，而無法自我超越。若聖王能自我解消名實相副的執著與造作，就可以避免非自己本意的傷害人民的後遺症，這是道家對於儒家內聖外王之道的價值反思。

所以，在《道德經》中老子才提出「絕聖棄智」、「絕仁棄義」、「聖人不仁」、「聖人無常心」等自我解消的方法。

莊子在〈大宗師〉篇中更進一步開啟了回歸天道，自然一體無別的超越之路，莊子說：「與其譽堯而非桀也，不如兩忘而化其道」。

顏回也是人間第一等人，想去規諫衛君改弦易轍，孔子期期以為不可，但仍想聽聽這個得意大弟子內心做這個決定的道理依據。所以在〈人間世〉篇中，孔子問顏回：「雖然，若必有以也，嘗以語我來。」明清之際三大思想家之一的王船山對「有以」的詮釋非常獨到而精彩，船山說：「以生於其心，有以則作於其氣。」船山的意思是「以」是生於其心，是心知的執著，「有以」是作於其氣，是人為的造作，所以「有以」的行為造作是來自於「以」的心知執著。

4 莊子天人合一的境界

當文明科技的發展愈來愈神速後，人類自我中心主義的傾向也就愈來愈強烈。人活在整體宇宙中，卻誤將自己當作主體，而將天地萬物當作客體，當作沒有生機的品物，加以研究與分析，以達到利用的目的。

我們對於大自然已經不再心存敬畏，也不再能與大自然融合，所以無法謙卑的聆聽大自然的聲音，體會大自然的信息。

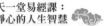

孔子曾經感慨的說：「天何言哉！四時行焉。」天真的沒有言說嗎？其實天每天都在無聲說法，只是我們因為已經與大自然疏離太遠了，所以無法聽到天籟的聲音。莊子在〈知北遊〉中說：「天地有大美而不言，四時有明法而不議，萬物有成理而不說。」意思是說天地無所不美，卻沉默不語，四時更替有明確法則，卻不議論，萬物的生成有他背後的道理，卻不曾言說。

不言、不議、不說，正是大自然的偉大。這種偉大的造化流行，是直接呈現的，只有像莊子這樣能與天地同遊，與萬物並生的真人，才能諦聽和體悟。莊子解消自我中心，不以人為主體，人與大自然不再是主客的對待，而是主客的融合為一，才能說出這種悟道的話。《易經》隨卦上六爻說：「拘系之，乃從維之，王用亨於西山。」其中的深刻義理就是以人隨天，主客消融，而達天人合一的境地。

《易經》隨卦上六是修練的化境，孔子詮釋為「拘系之，上窮也。」「窮」是窮於讚嘆的意思，莊子與天地同遊，與萬物並生，就是典型隨卦上六天人合一的境界。

5 乾創造，坤含容

儒家比較正面看待生命的發展，強調開發生命的潛能，在面對變化，開創未來時，充滿《易經》乾卦創造的力量。

道家比較注重智慧的覺悟，關照生命的全面，在面對變化時，不正面奮進，充分彰顯《易經》坤卦含容存養的柔軟功夫。

《易經》乾卦《大象傳》說：「天行健，君子以自強不息。」彰顯儒家剛健而積極進取的精神。坤卦《大象傳》說：「地勢坤，君子以厚德載物。」彰顯道家柔順而心胸寬厚的態度。

6 面對生死大關的智慧

人生是掠影浮沙，短暫即逝。人生最大的有限性就是人難免一死，死神隨時都會來到，只能一笑置之。

中國古代哲學對應生死大關的智慧比較沒有神秘主義的色彩，而是選擇了一條艱苦而具體實踐的路，對於每一個人而言，都是修行到哪裡，覺悟就到哪裡，實踐到哪裡，智慧就開顯到哪裡。生死大關只能靠自己來渡，沒有辦法靠別人來渡，這就是中華文化儒道兩家的生死智慧，走的是自己修行覺悟的路。

關於死亡的大關，在《論語．顏淵》子夏引述孔子的話說：「死生有命」，而莊子在〈德充符〉也有相近的說法，莊子說：「死生亦大矣，而不得與之變。」莊子看破生死，但認為我們的真君或道心，不要隨形體的生死變化而跟著上下起伏，叫做「不得與之變」。在〈大宗師〉莊子又說出了與孔子一模一樣的話，莊子說：「死生命也」。由此可見，儒道兩家對於死亡有著共同的觀點，那就是「死生有命」，死生是天生命定的，是存在的事實，人無法逃避，也不能扭轉。

若再進一步細究，那麼命又可分為普遍性的「天命」，和殊異性的「氣命」兩種。天命是內在於每一個人心性中共同的理命，《中庸》說：「天命之謂性」，天命就存在於每一個人內在的善性中。氣命則是每個人與生俱來的，不同才氣的殊異性的命。所以死生有命是屬於氣命，人的命運也是屬於氣命。

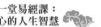

老子對於死生的看法是人從「道」中而來，也將回到「道」中，老子稱為「出生入死」。所以人都會再度相會，只是時候未到而已。面對生死的大關，我們唯一能做的只有在存在的邊緣去悟道，去覺悟，我們無法在死生的變化事實上去改變，只能在價值上，在意義上，去求得安頓，這叫做「安身立命」，這才是生死智慧。換句話說，生死智慧的核心不在於扭轉老死的客觀事實，而是透過價值與意義的追尋，而能在我們的內心裡面解消死亡的驚恐、煩惱、壓力、陰影、與傷痛等等。

死亡是形軀生命的必然結局，沒有人可以改變，但我們可以在心上下功夫，能夠做到不再執著生死，莊子稱為「懸解」，也就是解開倒懸的意思。懸解是倒懸的對照，執著生死叫「倒懸」，放開生死叫「懸解」，這是莊子的生死智慧。莊子在〈養生主〉中，透過老聃的死、秦佚去憑弔的方式的寓言，給出了面對生死大關的心理藥方。莊子說：「適來，夫子時也；適去，夫子順也。安時而處順，哀樂不能入也，古者謂是帝之懸解。」生是適時而來，死是適時而去，所以隨順就是心上的功夫，安時而處順就是莊子的心理藥方。

莊子用「來去」來看待生死，要我們既來之，則安之；既去之，則順之。老子則用「出入」來看待生死，老子說：「出生入死」。人從「道」出來叫生，再回入「道」中叫死。

倒懸的生命意涵是瓜熟懸空掛在那裡，既然已經成熟結果而掛在那裡，是不是應該掉落回歸大地，才符合自然之道呢？從這個角度來看，死亡其實就是瓜熟蒂落，這樣不是就解開了倒懸之苦嗎？

莊子在〈大宗師〉說：「不知所以生，不知所以死。」又說：「不知悅生，不知惡死，其出不訢，其入不距。」不知不是不知道，而是沒有心知的執著，生與死是相對的概念，生與死是一體的兩面，是同時存在的。一個人能修練到內心不執著生，放開生，那麼死也會同時淡化，同時放開。反之，太執著生，死就同時強化，這就像我們太想得到某種東西，所以才會有失去的感覺。如果沒有要得到的念頭，也就無所謂失去了。《莊子・知北遊》也有同樣見解的一句話說：「不以生生死，不以死死生。」第一個「生」是執著生的意思，第二個「生」是產生的意思。第一個「死」是執著死的意思，第二個「死」是死掉的意思。不執著生，就不會產生執著死；不執著死，就不會活著死氣沉沉。這種「不知所以生，不知所以死」，不執著生也不執著死的道家生死智慧，根本上是脫胎於《易經》的太極概念。太極有陰也有陽，陰陽是太極一體的兩面，同時俱生，又同時存在。

佛教講生老病死，道家比較自然，只說生老死，因為人不一定是生病才死。道家認為生死是形體的事，而人的真君、道心、天地心，是與道同在的，不會因為形體的消滅而跟著消滅。所以莊子說：「假於異物，託於同體。」假就是借的意思，異物是指人人不同的形體，同體是指道心、真君、天地心。死的是人人不同的形體，而人人同體的道心是不會死的。基於這樣的思想背景，所以莊子要我們不要「其形化，其心與之然」，人的形體必然有少中老死的變化，但我們的心靈不要隨著形體而衰老變化，應該超越在形化之上，與「道」同在，與「道」同行，這就是莊子「死而不亡」，以及老子「死而不亡者壽」的生命大智慧。

7 多麼了不起的領導功夫

《孫子兵法》中說：「視卒如嬰兒，故可以與之赴深谿。」士卒為什麼願意心甘情願和將帥赴湯蹈火，視死如歸，關鍵在於將帥將士卒當作自己的兒子般對待。

《三國演義》一書中提到鄧艾伐蜀，克服劍閣天險，身先士卒，部屬受到感召，同心赴難，終於翻越摩天嶺，進入蜀國，就是最典型的案例。

《易經》兌卦談領導統御之道不也這樣說：「說以先民，民忘其勞；說以犯難，民忘其死；說之大，民勸矣哉！」說意同悅，能夠讓人民忘記勞苦，忘記死亡，這是多麼了不起的領導功夫，關鍵在於一個「悅」字，能讓部屬心悅誠服。心悅誠服所產生的偉大領導力，可以讓人民自我勉勵，且進而互相勉勵，所以說：「說之大，民勸矣哉」。

8 來日方長的美學意境

成語「來日方長」這四個字，保留了古代中國最高的美學意境。因為生命的最後都是死亡，即使在死亡裡，都寄託著一種新的願望，這新的願望是永遠有將來的，可以循環的。

老子認為萬物最後都會回到「道」的懷抱，《易經》最後一卦也是未完成的未濟卦，既然未完成，就表示還會再開始，所以來日方長就有生生不息的意涵。

相對於西方認為生命本身是一個被懲罰的過程，古代中國哲學則認為生命本身有它的意義和價值。相對於死，生是好的，肯定生，喜好生，是儒家獨特的「生生」哲學。即使是卑微的活，在儒家也變成是一種生命的莊嚴，不管怎麼樣，好死都不如賴活。

雷諾瓦是一位幸福甜美的法國畫家、印象派大師，在他畫中的人物，都表現出甜美與嫻靜、豐滿與明亮。即使從中年起雷諾瓦便飽受類風濕性關節炎的苦楚，他仍堅持要在繪畫中傳達幸福和愉悅。透過繪畫，雷諾瓦除了留下永恆的美麗之外，還有對於創作無可動搖的堅毅。

「痛苦會過去，美麗會留下。」大概是雷諾瓦留給世人最深刻的印象。透過這位從現實痛苦中淬鍊出幸福感的藝術家，我們發現，原來生命是如此的美好。

9 得黃金百斤，不如得季布一諾

非洲人說：「不說無益的話，免得口渴。」因為舌頭比手腳還快，前者代表「言」，後者代表「行」。言快於行容易出錯，所謂「禍從口出」就是這個道理。

無益的話包括沒有同理心的話、沒有建設性的話、傷人又傷己的話、對解決問題沒有幫助的話、破壞雙方關係的話、一廂情願的話、天方夜譚的話、把別人當傻瓜的話等等。

所以孔子才會說：「君子欲訥於言，而敏於行。」又說：「古者言之不出，恥躬之不逮也。」老子也說：「輕諾必寡信」，古人重然諾，不隨便說話，認為說了而做不到是可恥的，是寡信的，是沒有人格的。

春秋時代，季札當使者面見徐君時，徐君很中意季札腰上的佩劍，但是又說不出口，季札打從內心已經感受到徐君的心意，奈何當時尚有任務在身，所以不便把劍送給徐君，但是季札一直把這件事放在心裡。

等到季札完成使者任務，再回頭來看徐君時，徐君早已過世。季札第一次面見徐君時內心已經許下送劍的承諾，雖未開口告訴徐君，季札仍然決定兌現承諾，於是將腰上的佩劍取下，掛在徐君墳墓的樹上後才離開。難怪古人要說：「得黃金百斤，不如得季布一諾。」季札不是兌現言諾，而是兌現心諾，內心的承諾其實只有自己知道，季札卻毅然實踐，這樣忠於自己的人，內心是多麼信實啊！

《易經》中孚卦談真實不虛的道理，其中下卦的九二和上卦的九五兩爻都是「中實」，而且兩爻都是居於上下卦的中間位置，又有相應相援的關係，所以才能共同成就中孚卦的「有孚」之象，有孚即信實不欺的意思。

10 掌握「道」的樞紐，就能因應無窮的變化

萬物互相形成「彼與此」，若能做到不妄分彼此，彼此就不會互相對立，此時稱為掌握「道」的樞紐。

既已掌握了「道」的樞紐，就能因應無窮的變化。莊子的「忘」字訣：「人的動靜、生死、窮達，都不是自己安排的，一個人能做的，是忘掉外物，忘掉自己，能做到忘掉自己的人，就能與道合一」。

忘掉外物簡稱「忘物」，忘掉自己簡稱「忘我」。忘我是佛法小乘的功夫，忘物是佛法大乘的功夫，一個人必須修練到忘我與忘物才能成佛。

《易經》艮卦談止欲伏心，符合成佛的修行次第，等同一部《法華經》。艮卦卦辭說：「艮其背，不獲其身，行其庭，不見其人，无咎」。「艮其背，不獲其身」就是忘我境界，「行其庭，不見其人」就是忘物境界。

11 去人欲與戒人欲及節人欲的辯證

宋朝理學家談人欲的修練是用「去」字，也就是去人欲，這已經不是正統的儒家方法。孔子做為儒家的始祖，對待人欲的修練，是用「戒」字，而不是用去字。如何戒？孔子主張用「矩」，也就是禮儀規範來調節人欲。所以孔子描述自己人生修行的心得，達到七十歲最後的階段時說：「從心所欲不逾矩」，用的字眼正是矩字。

孔子談論君子的三戒，也是配合年齡與血氣的狀況，按照少年、中年、晚年的三個階段，依次戒色、戒鬥、戒得。《易經》是儒家的經典，節卦談論節制、調控的道理，也是強調「苦節不可貞」。苦節等同宋朝理學家的去人欲，節卦符合莊子「依乎自然」的道理，所標榜的節制正道是安節及甘節，亦即安於節制及甘於節制。

至於道家的修練觀或養生觀，老子強調「長生久視」，意思是悟道而不離根源的意思，這樣內心就能平靜安祥，享受自然的壽命。莊子的觀點與老子相似，莊子說「安其天年」，天年就是自然的壽命。莊子主張用依乎自然，「因其固然」，不執著、不刻意的方式來安享天年。

12 孔明揮淚斬馬謖

一個人的優點，有時候在某一時空，某一事件上，恰巧變成了缺點；而一個人的缺點，在某一個時空，某一事件上，又恰巧變成了優點。

每一個人都有優缺點，優點與缺點是相對的，把人的缺點用在適宜的地方，缺點反而變成優點。反之，把人的優點用在不適宜的地方，優點也會變成缺點。

善於知人用人的人，都懂得量才適性的用人原則，《易經》稱為「當位」或「得正」。意思是說用人時，必須根據人的才性，採取不同的使用方式，方能人盡其才，人盡其用，這也是兵法書《三略》上所說的：「使智，使勇，使貪，使愚，因其至情而用之。」其中有深刻涵意。

在司馬遷的《史記．越王勾踐世家》上記載了范蠡二兒子人頭落地的事，就是一個非常典型的案例。大兒子節儉成性的優點，最後卻在那一個節骨眼上，節儉變成小器，害死了弟弟。當然這個也早在范蠡的預料中，無奈形勢比人強，在妻子的不解，和大兒子的以死相逼下，范蠡也只能順著形勢走，只能感嘆造化弄人，二兒子殺人也是命該如此。

《草廬經略．選能》說：「聾者善視，瞽者善聽，原無可棄之人，惟用違其才，始有難成之績。」用人最可貴的莫過於用其所長；用人最忌諱的莫過於用違其才。用違其才，害人、害己、害家、害國、害天下都有可能。

三個時代孔明誤識馬謖，錯用馬謖，就是一個非常典型的案例。馬謖長於韜略，是一個極為優秀的參謀人才，卻不是一個好的實戰人才，因為他缺乏實戰經驗。劉備臨終前，曾告誡孔明說：「馬謖言過其實，不可大用，君其察之。」可是愛之深，卻蔽其心，孔明沒有聽到心坎裡，結果街亭一役蜀軍大敗，打亂了孔明北上攻打曹魏的計劃。孔明違背眾意，拔擢馬謖，最後不得不揮淚斬馬謖，以立軍威。

13 儒家講修養，道家講化解

儒家講修養，道家講化解。儒家所說「生生」是生生不息的意思，使生命的動力不斷透過修養開發出來，像太陽般發光發熱。雖然陽光有時會被烏雲遮住，但只要不斷的修養，就能不斷的撥雲見日，生的力量不會停止，這就是生生，《易經．繫辭傳》說：「天地之大德曰生」，「生生之謂易」，生的力量綿延不絕。

老子說有的人「人之生，動之死地」，不能安享天年，是因為「生生之厚」，求生太過，養生太過，因為人為造作，妨害生理功能的正常運作，破壞了人體的免疫能力。

由此可見，老子生生的意思是執著生，求生太厚，養生太過，以致於干擾太多，反而適得其反，這是動之死地，中途夭折的原因。所以，需要靠化解來消除這種愚昧的執著，與儒家透過修養而產生「生而又生」動力的意思完全不同。

換句話說，儒家從正面談生生，生生是正向的能量，需要修養以確保。道家則從反面談生生，生生是負向的能量，需要化解以消除。

14 儒家的創造與道家的觀照

儒家注重實有層面，是實用的智慧，講究「創造」。道家注重作用層面，是化解的智慧，講究「觀照」。

儒家是實理實事，強調創造與積極進取。道家是虛用化解，強調觀照與消解執著。道家認為只有當我們的內心能夠虛靜如鏡，才能照現萬物，物來則照現，物去則不留。

總而言之，儒家與道家的功夫進路雖然不同，但兩家能相輔相成，相得益彰。儒家的創造來自《易經》乾卦自強的義理，道家的觀照來自《易經》坤卦含容的義理，乾坤並用，一剛一柔，才能剛柔並濟。

15 有價值的道就是往上的道

《易經．繫辭傳》說：「形而上者謂之道，形而下者謂之器。」我們人生有兩條路，一條是為道的形而上之路，一條是為學的形而下之路。

為學的路成就個人的才學，為道的路成就個人的智慧。不論我們在那裡，和什麼人在一起，在做什麼事，都可以有道，都可以形而上，只要我們把心，把真誠，把善意帶在身上，把生命的價值凸顯出來，實現出來，就是有道的形而上。孟子說：「君子所過者化，所存者神。」就是這樣的一種形而上的態度，一種向上的作為。

有價值的道就是往上的道，形而上的道，或稱為天道。讓人不只是事實上的活著，還要有價值的活著，實現生命的價值。

總而言之，有道的「道」，是形而上的道，是常道，是無形的道，是無限的道，是向上提升的道，是天道，是意義的道，是實現的道，是真常的大道。

道有道路、言說、引導、倫常、原理、原則等意涵。儒家偏向人文之道，道家則傾向自然大道。

16 垂衣裳而天下治

《易經》談論乾坤兩卦的特性時，會先說乾是易，再說坤是簡。易是容易的意思，但也代表時間的變化，因為乾是天，是天體，太陽月亮不斷的運行，代表時間的變化，所以說乾是易，是天時。反之，坤是地，大地很平靜，我們很難感受到它一直在變化之中，除非發生地震，所以坤是簡，簡是簡單的意思，但也代表空間的架構。

乾是易，易是日月的組合，日出月落，月出日落，是時間變化的象徵。坤是簡，簡字有間，間即空間，所以坤有空間的象徵。

總之，乾代表時間的變化，坤代表空間的架構，所以乾坤合起來就是時間空間的意思。能夠配合時空變化而變化的人稱為「達人」，通達的人。所以在《繫辭傳》中，孔子說：「變通者，趨時者也」。「易，窮則變，變則通，通則久。……黃帝堯舜垂衣裳而天下治，蓋取諸乾坤。」乾為天，為衣；坤為地，為裳。黃帝堯舜能把天下治理的那麼好，就是效法乾坤的道理，稱之為「垂衣裳而天下治」。

17 個性太拗的王安石

宋神宗要重用王安石從事變法工作時，曾諮詢過王安石的知己曾鞏，關於王安石他有什麼看法，曾鞏卻只說了一個字：「吝」。

曾鞏的意思是王安石個性太拗，甚至到了「吝於改過」的程度。「拗」有執拗、固執的意思，也有拗強、倔強的意思。

凡是個性拗的人，都會過於剛強，特別是對自己堅守的崇高信念遭到他人的強烈質疑時，就會更加固執剛烈，一意孤行，而執迷不悟了。這就是曾鞏對王安石評價所說的「吝」的意思，亦即吝於改過。

「吝」在《易經》是占斷辭，有困難的意思，再不知道改過回頭，往前發展，就成為占斷辭「凶」了。王安石堅持變法的信念，值得肯定、讚賞，然而他執拗而不知變通的個性，加上用人不當，使得變法功敗垂成，北宋因而加速滅亡，真是一大憾事。

明末清初作家馮夢龍的白話小說集《警世通言》是這麼描述王安石：「因他性子

執拗，主意一定，佛菩薩也勸他不轉，人皆呼為拗相公。」好一個拗相公，馮夢龍形容的真是又傳神又入味。

《易經》大壯卦有「過剛則折」的天道與人道律則，王安石恃壯而用壯，勢必難逃折斷的律則。拗字原本是折的意思，左邊是手，有用手強力扭斷的意象，譬如拗花就是將花折斷的意思。

18 小國大國應世之論

孟子說：「能以大國的身分對待小國的是仁者，是樂天知命者；能以小國的身分侍奉大國的是智者，是敬畏天命者。」孟子所說的天命與孔子所說的「五十而知天命」的天命意義，大致相同，也就是天道運行的道理。孟子主張大國必須是樂天知命者，才是仁者的作為。小國必須是敬畏天命者，才是智者的作為。

《易經》小畜卦所談的就是以小博大的道理，六四爻是小國，要發揮智慧侍奉九五爻。九五爻是大國，要展現仁德對待六四爻。這樣，兩者之間才能相安無事，長治久安。

大國樂天知命是順應天命，小國敬畏天命也是順應天命。大國以行天命為樂，能安天下；小國以行天命為畏，可以保自己。老子也說：「大國以下小國，則取小國；小國以下大國，則取大國。故或下以取，或下而取。大國不過欲兼畜人，小國不過欲入事人。夫兩者各得其所欲，大者宜為下。」老子的意思是大國若能以謙卑的姿態尊重小國，就能贏得小國的歸順。同樣的道理，小國若能以謙卑的姿態尊重大國，就能贏得大國的信任。

19 含弘光大與至誠如神的效用

《易經》坤卦在大自然現象為大地，大地生養萬物，包容萬物，沒有分別心，一視同仁。所以，坤卦應用在人事上就是代表心胸開闊，含弘光大的意思。

春秋時代山戎攻打燕國，燕國國君向春秋五霸之首的齊桓公求救，齊桓公就親自率領軍隊援救燕國，將山戎打敗，退回北方。齊軍班師回朝時，燕莊公沿途相送，這一送不之不覺中就進入了齊國境內。齊桓公向燕莊公說依照周禮，除了天子巡狩可以跨越過境，諸侯相送都不能出國境，他不能因為燕莊公送他而失禮，於是將燕莊公所到之地都割給燕國。這個舉動讓諸侯聞訊而心悅誠服，自動歸心，擁護齊桓公為諸侯盟主。

《易經》特別重視誠信，稱為有孚，而中孚卦論述合時合理的誠信，認為誠信是為人立身行事的大本。春秋五霸中與齊桓公並稱的晉文公攻打原國時，與大夫們約定以十天為期，因此全軍只帶十天糧食。結果十天到了，並沒有把原國攻打下來，於是下令鳴金，收兵撤軍回國，群臣都勸諫晉文公說：「原國的糧食已經吃完，兵力也已耗盡，國君再等幾天就可以打下原國了。」晉文公說：「不行，我跟士大夫們約法十天時間已經到了，如果不撤軍就違背了誠信，如此得到了原國，卻失去了誠信，我寧取誠信。」於是全軍撤退，原國人民聽說此事，都異口同聲說有如此講求信用的國君，怎麼可以不歸附他呢？原國因此而歸附晉國。衛國的人知道後，也跟隨著向晉文公投降。孔子聽聞此事，在春秋上寫下：「攻打原國，而得到了衛國，是因為講信用的緣故。」

《中庸》以誠為天之道，為人之道，三千大千世界和人性的周流運行，都是來自於真誠的原動力。《中庸》也說：「至誠如神」，一個人若能將誠信的力量發揮到極致，就能具有見微知著，預測未來的神奇能力。

鑑往知來，可知為人處世若能心胸寬闊，含弘包容，講求真誠，重視信用，必能頂天立地，體會天理良心，進而做到成己成人。

20 咸卦的無心感應能通天下，能遊天下

《易經》咸卦的「咸」字與「感」字的差別，在於咸是無心的感應，而感是有心的感應。

咸是無心的功夫修練所開顯的生命的感應，這種感應已經超越時空，達到所有生命的一體同感，莊子用「通天下一氣耳」來形容這種境界狀態。所有萬物都水乳交融般的融入整體中，沒有隔閡，沒有疏離，沒有冷漠，沒有族群的分別，沒有思想的分別，千千萬人是一個人，千千萬人的身體是一個身體，千千萬萬人的心是一個心，也就是一即一切，一切即一。大家同在，大家同行。

咸卦無心的感應，也就是莊子「聽之以氣」的境界，「虛而待物者也」的境界。凡是有心的感應都會有障隔，因為人人都有自己固執不破、銅牆鐵壁，保護自己的心，不可能與別人的心或天心產生心心相印的感應效應。

孟子所說「浩然之氣」的氣，與莊子所說「聽之一氣」的氣，應該都是《易經》咸卦的意涵，是將心的執著與分別都消解以後所開顯的氣，莊子用「通天下一氣耳」及「遊乎天地之一氣」來表達。能通天下，能遊天下，而無任何阻礙的就是這種氣。

21 人生實難，死如之何

陶淵明〈自祭文〉最後三句說：「人生實難，死如之何，嗚乎哀哉！」《易經》濃縮人生為四個字，就是「險阻人生」。

險是坎卦，是水，層層水難。阻是艮卦，是山，重重阻隔。人活在世上既要涉水又要跋山，怎麼會不艱難？所以在《易經》經文中，常見利涉大川或不利涉大川，大川就是坎卦，就是遼闊的大海，怎麼涉？如何過？豈不艱險。

人在哪裡都可能死，在什麼時候都可能死，問題是死的值不值得。死有輕於鴻毛，有重於泰山，人的死不完全是自己可以掌控，不能選擇在那裡死，也不能選擇在什麼時候死，所以孔子才說：「死生有命」，更說「殺生成仁」，殺生成仁是死的值得，死的重於泰山。

22 做人做事正反相依的六個原則

一個人如果知道培養內在的條件，並努力去培養自己內在的條件，也就不必太擔心外來的橫逆了，孫子說：「勿恃敵之不來，恃吾有以待之。」就是這個意思。《易經》夬卦論述面臨陰陽大對決的決斷時，九二有備無患，即使日夜都有敵人來突襲，也能高枕無憂，所以爻辭說：「惕號，莫夜有戎，勿恤。」這與孫子「勿恃敵之不來，恃吾有以待之」的道理，真是不謀而合，異曲同工。

如何培養內在的條件？必須好學、深思、力行三者並行不悖。孔子說做人做事有正反相依的六個原則，叫做六言和六蔽。六言是指好的六種品德，如仁、智、信、直、勇、剛。六蔽是指不好的六種弊病，如愚、蕩、賊、絞、亂、狂。好學的人能獲得六言，不好學的人就陷於六蔽。孔子向子路說：「好仁不好學，其蔽也愚；好知不好學，其蔽也蕩；好信不好學，其蔽也賊；好直不好學，其蔽也絞；好勇不好學，其蔽也亂；好剛不好學，其蔽也狂。」

好仁的人如不好學，就容易流於濫好人的愚蠢，孔安國說：「仁者愛物，不知所以裁之則愚也。」裁是裁制事物，使他合宜。凡事不宜，便是愚。好智的人如不好學，只知展現自己的才能，不顧道德的規範，將會放蕩而無操守。好信如不好學，只知重然諾，而不明事理的是非，將會賊害到自己。好直如不好學，就會太直而沒有彈性，像把繩子絞的太緊而綳斷般，容易把事情搞砸，所以孔子說：「直而無禮則絞。」好勇如不好學，就會有勇無謀而出亂子。好剛如不好學，就容易偏於剛強狂妄，而不得中庸之道。

仁、智、信、直、勇、剛雖然是好的品格，但如果不能配合學習，好的品格也會成為毛病。由此可見學習的重要性，而且不只要好學，深思及力行也要同步進行，缺一不可，所以孔子說：「學而不思則罔，思而不學則殆。」這樣學、思、行反覆進行不輟，必然學問淵博，德行高尚。

23 妙算不等於廟算

孫子說「廟算」而不用「妙算」，是因為妙算只是廟算的基本內涵，或廟算的一部分，不能等同廟算。

在帝王統治時代，遇到國家大事的決策都會到太廟或宗廟來研擬對策，這是一種敬天法祖的戰略文化。「廟」字有求祖先庇佑的意思，有統一君臣意志的作用，也有防止謀略外洩的功能。

《易經》萃卦論述聚集人心的方法，天子需要聚集人心時，必須親臨太廟，稱為「王格有廟」。「格」是到的意思，有字沒有意思。處於渙卦人心渙散的情境，為了再重新凝聚人心，天子也是到太廟來行使這個工作，同樣稱為「王格有廟」。

由此可見，「廟」具有精神中心及治理理念的象徵意義，即孫子所謂的「道」。孫子用廟算非常符合當時的時空背景，所以《孫子兵法．始計》的結論說：「夫未戰而廟算勝者，得算多也；未戰而廟算不勝者，得算少也。多算勝，少算不勝，而況無算乎！吾以此觀之，勝負見矣。」在做戰略研擬時，多算優於少算，少算優於無算。

從《易經》的觀點來說，卦是時，爻是位，卦爻就是代表自己所處的際遇（時）和處境（位）。卦爻辭即是對我們所處時位的一種吉凶判定與趨勢預測，讓我們能意識到，自己處於什麼時段？什麼位置？有什麼優勢？有什麼致命傷？可能面臨什麼問題？有什麼機會？有什麼危險？這是一個相當理性的思考模式。廟算用現代決策管理的術語來說，即是所謂的ＳＷＯＴ分析。

24 東初的易理內涵與體現

東方初白，黎明乍現，一位男孩踏上出家的路上，向他的過去正式告別。這位男孩一九二〇年出家，法號東初，一九四九年抵達台灣，這就是近代著名的佛教禪宗大師，東初老人或東初長老。東初禪師著有《禪學真義》等膾炙人口的書籍。

東初長老就是法鼓山聖嚴法師的入門師父，聖嚴法師在美國紐約的修禪道場，叫做「東初禪寺」，應該有懷念師父的意思。東初禪寺的命名緣由顧名思義是東方初白，黎明乍現，太陽剛從東邊升起來，象徵走向光明的開始。這樣的解讀不管是不是聖嚴法師的初衷，至少在意義上是正面的，只是在深度上總覺得不夠。

若按照《易經》文王後天八卦來看，東初又有另一番意境。文王後天八卦是在說明宇宙人生生生不息的正向循環，從震卦一陽生開始，稱為「帝出乎震」，震卦方位在東方，又是能量發動的起始，這樣有「東」又有「初」，所以稱為「東初」，或「東震」，意思是一樣的。「帝」又有主宰的意涵，人生開始就要能當家做主，才不會迷失了方向。

孔子回答顏淵「何謂仁」時，孔子說：「克己復禮為仁，一日克己復禮，天下歸仁焉！為仁由己，而由人乎？」克己的「克」，正確的意思是「能夠」，不是克服。在很多中國古典的文本中，克都做「能」解釋。《易經》文本爻辭中凡是提到克字的，也都是做「能」的解釋。例如訟卦九二爻說：「不克訟，歸而逋，其邑人三百戶，無眚。」不克訟就是解釋為不能訟，因為九二要與九五爭訟，道理上說不過去，身分上也不符合倫理，況且實力懸殊，毫無疑問，將必敗無疑。

孔子認為凡是自己能夠主動做到合於禮及合於理的要求，就是仁的行為。能夠主動，其實就是能夠自己做主，這就是「帝」的意涵，所以孔子才說：「為仁由己，而由人乎？」行仁的主控權在每一個人身上，只有自己想做，而且願意做，才會真的去做，高高興興的做，才能做出成果。如果是被人勉強去做的，就是被動做，被動做其實就不是自己能做主，也就不是「帝」，勢必無法啟動震卦能量的正向發展與循環，若用這樣來詮釋東初，就是真正易理的體現。

25 宋朝學者的座右銘

天道指天體運行，春夏秋冬的規律。地道指山川地理的客觀形勢。人道指人類社會的規則。

有關《易經》鬼神的概念，鬼是歸的意思，人死為鬼，指祖先。神是伸的意思，偉大的人死後變成神。

修德貫穿在整部《易經》中，《易經》乾卦《大象傳》說：「君子以自強不息」，就是指德行修養的自強不息。人如何增進德行的修養？其實在生活中與他人的來往就是德行的修養。增進德行必須從真誠開始，孔子在《文言傳》中提出真誠的方法，說：「閑邪存其誠，修辭立其誠。」前者屬於行為的範疇，要真誠與邪惡勢不兩立，後者屬於言語的範疇，要修飾言辭以確保真誠，孔子認為言行的修養就是德行修養。

孔子說：「剛毅木納，近仁。」孔子說：「巧言令色，鮮矣仁。」仁就有真誠的內涵，真誠是人之所以為人的道理。其實老子所說的「希言，自然」及「言有宗，事有君。」也都是指言行的修練。

宋朝學者常把孔子在《易經・文言傳》所說的「閑邪存其誠，修辭立其誠。」以及「敬以直內，義以方外。」當做座右銘。敬以直內的意思是用恭敬的態度來持守內心的真誠，義以方外的意思是用正當的方法來規範言行的表現。

26 孫子不戰而屈人之兵是《易經》太極思維的體現

孫子主張慎戰，反對久戰，更希望不戰。所以《孫子兵法》第三篇〈謀攻〉宗旨是一種全己全人的謀略，以不戰而全勝為目標。所以孫子說：「凡用兵之法，全國為上，破國次之；全軍為上，破軍次之；全旅為上，破旅次之；全卒為上，破卒次之；全伍為上，破伍次之。」「故善用兵者，屈人之兵而非戰也。拔人之城而非攻也，毀人之國而非久也。必以全爭於天下，故兵不頓而利可全，此謀攻之法也。」這就是孫子不戰而屈人之兵，太極思維的具體實踐。

謀攻是先謀後攻及謀而後攻的意思，曹操的註解是：「謀攻者，欲攻敵必先謀也。」《孫子兵法》從第一篇的〈始計〉、第二篇的〈作戰〉、到第三篇的〈謀攻〉，這三篇已經構成孫子戰略思想的完整體系，從「計」到「知」到「謀」。廟算的計是知勝的基礎，知勝之道是謀的基礎。所以孫子說：「故知勝有五：知可以戰與不可以戰者勝，識眾寡之用者勝，上下同欲者勝，以虞待不虞者勝，將能而君不御者勝。此五者，知勝之道也。」可見五項知勝之道，確實是謀攻的基礎。

孫子大戰略的指導方針是「不戰而屈人之兵」七個字，這是《易經》太極思維的體現，特別是五陽決一陰的夬卦思維。夬卦是陽長陰消，君子道長，小人道消的卦，卦象中有五個陽爻，只有一個陰爻。如果論實力，陽的陣營實在遠遠大於陰的陣營，輕而易舉就可以將陰消滅。但《易經》作者卻啟示君子不要急於消滅小人，最好是用感化小人，不費一兵一卒的方式，來讓小人屈服，稱為「決而和」，意即在和諧中將問題解決，這就是《易經》的太極思維。所以孫子說：「是故百戰百勝，非善之善也，不戰而屈人之兵，善之善者也。故上兵伐謀，其次伐交，其次伐兵，其下攻城。」春秋時代的齊桓公與管仲所成就的霸業，就是少用武力，善於伐謀與伐交的結果。諸葛孔明的「空城計」，成功讓十五萬大軍的司馬懿退兵，就是傳名千古的伐謀成功典範。

孫子大戰略的核心結論是：「知己知彼，百戰不殆；不知彼而知己，一勝一負；不知彼，不知己，每戰必敗。」可見「知」字在孫子戰略思想中的重要性。在《孫子兵法》中出現最多的字就是七十九次的「知」字。知有深入了解，及智慧的雙重意涵。

27 程頤的「理」與老子的「道」異曲同工

《易經》義理派大家程頤是河南洛陽伊川縣人，世稱「伊川先生」，是北宋的思想家、哲學家、理學家、教育家。與胞兄程顥都是博學之士，早年一同受教於周敦頤，兄弟二人共創洛學，成為理學的基礎，世稱「二程」。

進士楊時為了豐富自己的學問，毅然放棄高官厚祿，先後拜程顥程頤為師。程頤雖受宋仁宗授予進士資格，但是程頤不願擔任官職，終身以處士身份潛心於孔孟之道，從事講學活動，及著書立言工作。

儒家學者一向以聖王之道及帝王之師為職志來自許、自任。程頤的儒者性格非常濃厚，在司馬光等人的推薦下，只願意接受帝王師的職務，教導年幼的宋哲宗如何讀書。

程頤認為宇宙萬物的本體是「理」，天地萬物都是由這個本體的理所創生出來的，所以說：「萬物一體」。程顥也說：「人與天地一物也」，一物就是一體之物的意思，這個一體，二程都認為就是「理」。萬物都是從這個「理」所流衍出來的，程頤認為任何事物的形成和存在，都必須有這個「理」的依據和基礎。一物的理就是萬物的理，天地萬物只有一理。換句話說，萬物之所以然，必須有一個「理」，這個「理」不會因事物的有無變化而有增減。這種觀點其實和老子的觀點沒有什麼差別，老子不是說「道」周行而不殆，亦即「道」遍於天地萬物，又說「道」獨立而不改，亦即「道」不會因為萬物的有無變化而有增減。只是二程用的是「理」字，老子用的「道」字。

程頤的「理」是超越實體而自然存在，所以稱為「天理」。人秉天理而生，這個理就是人的性，所以程頤主張性即理，因此程朱理學又稱性理學及道學。性外不能尋道，道外不能尋性，人本身的本體已經完全具足，就像《易經》乾坤天地之後，生命誕生的屯卦一樣，元亨利貞四德與天一樣完全具足。但是天理不能自己表現出來，必須借重萬物才能呈現，因此天理會受形質的限制，而無法完全表現出來，所以程頤說：「論性不論氣不備，論氣不論理不明。」意思是性、理、氣一體相關。

程頤認為氣質對於天理彰顯的限制主要表現在情欲和情緒上，人欲會產生濁氣和惡性而障蔽人的本心，進而損害天理，所以如何調控情欲和情緒，便成為人變化氣質的關鍵所在。《易經》損卦談修行的功夫，《大象傳》說：「君子以懲忿窒欲」就是一種調控情欲和情緒的要領。忿屬於情緒，欲屬於情欲。程頤主張明天理，存天理，才能滅人欲。為了明理，所以要格物致知，致知在格物，致知即認識真理，格物即窮理，窮究事物的道理，而且窮理的究竟，必須內外兼顧，既窮外在的理，也要窮內在的理。透過格物窮理的過程和功夫，而達到致知認識真理的目的。

程頤是宋明易學中義理派的大家，《程氏易傳》主要繼承王弼的方法學來解說《易經》，著重在易經義理的闡述，完全不談象數。因此，程頤和王弼一樣，雖然在易經義理上的成就堪稱無人能出其右，但因為少了象數的對照佐證，在《易經》的詮釋上，終究難以真正契入作者的本意與原貌，反倒是運用《易經》對自己的哲學思想與涵養的發揮比較多。王弼的義理是道家的義理，程頤的義理則是儒家的義理。

二程將傳統儒家天人合一的思想用「天人一理」的方式表達出來，用「理」代替天是二程對中國哲學的一大貢獻，就像老子用「道」代替天一樣，是革命性的思想改造。

程頤對於孔子的仁學進一步開展成為「根本的體」和「表現的用」兩種。萬物一體是仁的體，仁者愛人是仁的用，體用兼修，才是孔子仁學更為深刻的內容意涵。佛家的義理是理一分殊，程頤的觀點雖也是理一分殊，但不同的是程頤認為分殊即理一。程頤認為分殊的萬物都有一個本體的「理」，理是標準的道德，分是個別的實施情況。程頤認為本體的「理」內在於萬物之中，這與老子認為「道」內在於萬物之中，在觀點上是異曲同工。《易經．繫辭傳》詮釋感應時說：「寂然不動，感而遂通。」程頤視寂然不動為本體，至於能否感通，則是屬於萬物本身內在中的事。

程頤認為人的命是本體所賦予的，人的造化也是本體所賦予的，依此脈絡來說，所謂窮理就是窮盡人所獲得的本體，因此能夠窮盡而知道本體，也就能知道自己的本性。程頤甚至認為生活中的種種都是「理」的呈現，都是本體的顯現。換句話說，就是即生活即本體，即事物即本體，即現象即本體。

就分殊人物的本體上，或分殊的現象上，去談宇宙的本體，分殊與本體是不即不離的關係，這種分殊本身即是本體的理論，是儒佛之間最大的不同。

28 仰不愧於天，俯不怍於人

理想是個人化的，現實是總體化的，所以理想與現實總是有差距。現實不是我們個人生命可以控制的，轉變總在不知不覺之間發生。一旦發生了，往往會逼我們做不想做或不願做的其他事，最後一切只會讓我們離自己原先的理想愈來愈遠。

我們是否有可能擺脫這樣的宿命走向？唯一的方法就是不論在正向的道路上，或相反的道路上，我們都可以服從天命，透過智慧的選擇來超越命運的走向，化不可能為可能。《易經》姤卦論述人生的際遇，有時是創造性的，有時是毀滅性的，關鍵在於我們是否有足夠的智慧來分辨這是機會還是危機？若是機會就要牢牢把握，若是危機就要想方設法遠離，這就是《易經》趨吉避凶義理的內涵之一。

當然人生有時候最困難的事是要捨什麼？得什麼？要利用什麼？而犧牲什麼？為了達成崇高的理想，必須捨棄自己喜愛的，包括犧牲自己本身，那也是一種選擇，而這種選擇也是順受天命與死而無憾的一種方式。

王陽明臨終時說：「此心光明，亦復何言！」就是一種人生沒有遺憾的境界遺言，代表王陽明認為自己的一生都做對了選擇，也都做了應該的選擇，因此覺得自己沒有辜負天命的召喚，活得頂天立地，光明正大，仰不愧於天，俯不怍於人，心境坦然，居心端正而沒有愧疚。

29 懂《易經》太極全體之理，就懂《華嚴經》事事無礙法界

蕅益大師在《周易禪解》中，不但把佛教「位位法法」因果秩序的理念，拿來與《易經》「一物一太極」的思維相互對照，同時認為如果能夠體認這個「位位法法」或「一物一太極」的原理，就能契入華嚴的「事事無礙法界」，也就是修行的最高境界。

所謂「位位法法」，就是說每一樣事物，都有它自己的關係位置，也各自有它自己內在的因果秩序，看起來雖雜卻不亂，就像《易經》六十四卦、三百八十四爻的每一個爻那樣，都有它自己的關係位置，也都有它自己內在的因果秩序。這個「位位法法」的理念，源自《雜阿含經》的「法住觀」。其後又綿延開展於《般若經》、《法華經》以及《華嚴經》。

蕅益大師又說：「大不礙小，小不礙大。大亦只是六十四卦，小亦全具是六十四卦。一時一刻亦有此六十四卦，亙古亙今亦只有此六十四卦。若向此處悟得，便入華

嚴事事無礙法界。」換句話說，由於易理提供了法住法位的結構性說明，因此悟得《易經》太極全體的義理，也就是悟得華嚴事事無礙的法界。

蕅益大師更說：「小中現大，大中現小，法法平等，法法互具，真華嚴事事無礙法界也。」小中現大，大中現小，法法互具，正可以對應於《易經》太極遍在一切的思維進路。《華嚴經》的精彩處在於，不但在理上說到了「相即相入」的極致，而且還攝理歸事，以普賢菩薩的十大行願，來落實「同體大悲」的廣大菩提心。《易經》也是一樣，不但啟示人們太極全體的義理，更啟示人們「天行健，君子以自強不息」的行事，這就是理事圓融。蕅益大師把《易經》與《華嚴經》思想如此會通起來，的確慧眼獨具。

30 超越樂觀與悲觀之上的蘇東坡

蘇東坡在西元一〇五七年二十歲時就入榜進士第二名，真是早年得意，但因為他個性的天真與坦蕩，常常與世俗衝突，容易得罪小人，以致於被關、被貶，四十歲時就為了一個烏臺詩案而死裡逃生。

以烏臺詩案作為界線，蘇東坡的作品表現內容由政治轉向了人生體悟。因為被貶謫黃州，蘇東坡這位詩人的心想必是受傷的，但因離開政治鬥爭的核心舞台，詩人心眼因此轉移，反而有機會與時間寄情山水，遊歷山川，回歸真實生活，擁抱江風明月，並三遊赤壁，寫下膾炙人口，傳唱千古的前、後〈赤壁賦〉、〈念奴嬌．赤壁懷古〉、以及〈記承天寺夜遊〉。

蘇東坡的性格同時具有「塵垢俗吏」與「林下高人」的兩極矛盾，就在這種個人與歷史的強烈對照中，蘇東坡獲得了對人生的高度自覺，從而真正做到超然物外、達觀瀟灑脫。以蘇東坡的〈蝶戀花．春景〉為例：「花褪殘紅青杏小。燕子飛時，綠水人家繞。枝上柳綿吹又少，天涯何處無芳草。牆裡秋千牆外道。牆外行人，牆裡佳人笑。笑漸不聞聲漸悄，多情卻被無情惱。」花褪殘紅是悲觀面，象徵生命的凋零；青杏小是樂觀面，象徵生命的新生。枝上柳棉吹又少是悲觀面，象徵生命的飄落、悲哀；天涯何處無芳草是樂觀面，象徵生命的機遇、希望。蘇東坡同時看到生命的兩個狀態、自然的兩種狀態，這就是生命的高度自覺，《易經》稱為「一陰一陽之謂道」，陰與陽永遠在時間的相續流中相伴相生。

第六章

時運未到不強出頭，內心單純清淨，迎向圓滿

1 大道小道都可以大用

大道可以大用，也可以小用。同理，小道可以小用，也可以大用。關鍵在於用道的人器局的大小與真誠與否，才會決定道是如何用。

一個具有恢弘器識的人，必然能運作小道為大道，何況是大道呢？孔子說：「《易經》的智慧可以使人內心平靜，頭腦清明，看事深入而精微，同時能深謀遠慮，防患於未然。但如果懂《易經》的人不將《易經》用於正道，也會害人害己。」孔子稱此為「易之失賊」，賊是賊害，是小人學了《易經》，卻以一己之私，行小道所帶來的災害。

由此看來，人的器局大小，真誠與否，才是決定道用走向的關鍵。

2 開始的時機與結束的時間

任何事情都有它開始的時機，都有它發展的過程，也都有它結束的時間。一個能洞察幾微、見微知著的人，就能掌握事情未來發展的動向，也能預見大勢已去的必然結束時間，因此能不患得患失，順應大勢所趨而正當與坦然的結束。

《易經．文言傳》說：「知至至之，可與言幾也；知終終之，可與存義也。」老子說：「天地不仁，以萬物為芻狗。」都是在講這個道理。

天地把萬物當做芻狗，是因為萬物都有他興盛衰亡的時間，什麼時候開花，開什麼花，什麼時候凋零，什麼時候結束，無法抗拒，也不應抗拒，應該坦然接受和順應。就像芻狗從祭祀開始時的被尊敬，到祭祀結束時的被踐踏，或被焚毀的過程一樣，完全符合自然的規律法則，又有誰能改變他的命運？

3 人的「神」從何而來？

認識無限的至道本體應該用「神」，而不能用耳目心智。

人的「神」可以不受時空的限制，須臾之間就能遊遍宇宙，也能不受形體的限制，對於至大、至微的事物都可以把握。所以，認識無限的至道本體應該用「神」，而不能用耳目心智。

人的「神」從何而來？列子認為必須做到「徹」，「徹」就是「寂然」的意思，心能寂然，神就能發揮作用。《易經．繫辭傳》解讀咸卦時說：「寂然不動，感而遂通」，如果用當今的哲學語言來解釋，就是排除外界的一切干擾，拋棄心中的一切雜念，包括情感和理智，甚至消除自我意識，讓心思空明，而進入一種類似於冥想的狀態，才能敏銳的捕捉一切細微的動靜，體察一切細微的事物，從而領悟到平時無法理解的道理，這也正是張湛在《列子序》中所說的「忘懷則無幽不照」的道理。

4 先學「有」再學「空」才不會落空

蕅益大師對於太極的詮釋，最精妙到位之處，便是以空義來詮釋太極，認為「太極本不可得」，這是「空」與「太極」思想會通的總關鍵。

「不可得」是空的別名，《雜阿含經》有一個非常重要的表達：「先知法住，後知涅槃。」《雜阿含經》強調先學習「法住」，然後悟入「涅槃」。「法住」是「有」，「涅槃」是「空」。

換句話說，學「空」之前，先要學「有」，否則便會落空。一般人還沒有「照見五蘊」，就想要「照見五蘊皆空」，這是不對的。《易經》透過宇宙秩序的數理化結構，來呈現天地人三才的整體相關性，的確對於學佛者在「知有」的功夫上大有幫助，有助於學佛人的提升境界。

《雜阿含經》把認識事事物物因果秩序的智慧，叫做「法住智」，把通達空性、解脫煩惱的智慧，叫做「涅槃智」。《雜阿含經》認為應該先學屬於有的「法住智」，再學屬於空的「涅槃智」，這樣才是正確的方法。

5 儉約的力量

常言道：「澹泊以明志，寧靜以致遠。」是出自於東漢末年諸葛孔明〈誡子書〉中告誡兒子的話，原文是：「非澹泊無以明志，非寧靜無以致遠。」在〈誡子書〉中孔明教導兒子「儉以養德」的方法，老子說他有三寶，其中第二寶也是「儉」，《易經》否卦的時局腐敗，《大象傳》也說：「君子以儉德避難。」

諸葛孔明告誡自己七歲的兒子諸葛瞻，要用節儉、簡樸來培養德行。如果生活浪費奢華，沉迷物質的享受中，物欲就會愈來愈強，終至泛濫成災，不可收拾，在這樣的狀態下，怎麼可能還會有德行？

德行的積累是一個長期培養的過程，一個人只有生活恬靜、寡欲、簡單、淡泊、樸素時，心思才能清澈明晰。心思清澈明晰時，德行才有可能增進，難怪老子要把「儉」一德，當做是他人生的三寶之一了。

6 具備陰陽概念能現能藏的韜略

國家領導人或企業領導人，對社會洞察力的深淺，與治理韜略的優劣，與他是否具備深厚的人文素養高度相關。

若要實現國家長遠發展以及發展戰略目標，必須要有韜略。韜略與權術意涵不同。為群體利益及長遠利益而謀劃的是韜略；為個人利益及眼前利益而謀劃的是權術。具備見微知著，掌握機先能力的是韜略。

「韜」字通「弢」字，本義為藏弓的袋，或藏刀的鞘。刀子為什麼要有鞘？因為刀子不是為了殺，而是為了藏。在影片《一代宗師》中馬三的師父說：「馬三，你太銳利了，不知藏，十年後再回來。」《易經・繫辭傳》說：「君子藏器於身，待時而動，何不利之有？動而不括，是以出而有獲，語成器而動者也。」有真功夫的人都能深藏不露，深不可測，如果只從外表看，只是一般人罷了，必須在非常的狀況下，才能顯現他的功夫。

《莊子・繕性》說：「古之所謂隱士者，非伏其身而弗見也，非閉其言而不出也，非藏其知而不發也，時命大謬也。」時命大謬是時運未到的意思，真正的隱士不是不表現，是因見時運未到，絕不強出頭。曹魏時代，司馬懿假裝生病，閒居家中，等待時機。曹爽叫心腹李勝去打探虛實，司馬懿佯裝失智。於是司馬懿趁曹爽因此鬆了戒心，起兵叛變，終於得嘗宿願，掌握了魏國的軍政大權，這是一個深藏不露的典型案例。

韜略又稱謀略，是方略、方策的意思。韜略因為有陰陽的概念，所以又分為陽謀與陰謀。三國時代，孔明稱帝西蜀的「隆中策」，魯肅鼎足江東的「榻上策」，荀彧稱雄北方的「固本待變策」，都是切合時宜，非常有智慧的韜略。

7 聖人進退存亡的恰如其分

在柔弱的運用上，有時候要「弱而示弱」；有時候要「強而示弱」。前者是英雄識時務，在敵強我弱，形勢不利於己的情況下，所採取的一種避敵鋒芒，保存實力，待時而動的示弱策略。後者是我強敵弱，所採取的一種製造假象的欺敵示弱策略。

劉備曾經被動依附於曹操，當時曹操強劉備弱，而且曹操生性多疑，人又機警，對劉備的英雄氣象早有戒心。有一天曹操突然邀請劉備煮酒賞梅，談龍象論英雄，試圖刺探劉備心思。劉備心知肚明，早有準備，平常學種菜，以示自己無大志，酒宴時怕雷聲，以示自己無大勇。劉備的示柔示弱，韜光養晦策略，是為了讓曹操卸下心防，以便求得生存，待機東山再起。

曹操說龍似英雄，能大、能小、能升、能隱，劉備寄人籬下，真正做到潛龍勿用，以屈求伸，不愧是一代英雄好漢，後來真的撐起一片天，與曹操、孫權三國鼎立。

東吳呂蒙之所以能在荊州一役打敗關羽，就是利用關羽驕傲自大的心理，採取裝病示弱的策略，讓關羽完全喪失警覺性，才能兵不血刃，輕而易舉殺死關羽，奪回荊州。

就一般人而言，知進易，知退難；知動易，知靜難；知得易，知失難；知剛易，知柔難；知強易，知弱難。《易經．文言傳》說：「知進退存亡而不失其正者，其唯聖人乎！」由此可見，聖人的修為不是浪得虛名。

8 弘一大師的遺言：「悲欣交集」

毅然決定拋棄自己正處於文壇與藝術的高峰地位，而走入學佛之路的李叔同、弘一大師，在他圓寂前的遺言，只有四個字：「悲欣交集。」有悲傷也有欣喜，而且交織成一生，這不也是我們完整人生的真實寫照嗎？

《易經》太極圖是陰陽交旋，互不相離，莊子說：「道隱於小成，言隱於榮華。」被突顯的部分成就，往往遮蔽了「道」的彰顯。光彩華麗的言辭，往往遮蔽了真相的呈現。所以，《易經》說：「物極必反」，老子說：「反者道之動。」一個突出觀點或作為的過度擴散，將導致它走向反面，而且也將牽引出更多突出觀點或作為的加入，這些被牽引出現的眾多突出觀點或作為，終將吞噬原先突出的觀點或作為，再度恢復暫時的平衡，道家稱為「玄同」。

道家相信大道是一個整體，萬物都共處在這個大道中，彼此互通，彼此互融，缺一不可。宇宙萬事萬物都是相反而相成的，萬事萬物可以相反，但不可以相無，只有正沒有反，只有陰沒有陽，是不可能存在的。

莊子在〈秋水〉篇中說：「是未明天地之理，萬物之情者也。是猶師天而無地，師陰而無陽。」萬物之情的「情」是實的意思，萬物之情即萬物的真實狀況。

莊子一再對有用和無用的問題作出回應，莊子認為如果沒有了無用做為基礎，有用的功能也就不能彰顯出來。同理，老子一再對有無作出回應，如果沒有無的基礎，有的功能也無法表現出來。老子說：「埏埴以為器，當其無，有器之用。鑿戶牖以為室，當其無，有室之用。」世界萬物的真實情況都是在陰陽之間，有無之間，正反之間的不斷相成中，循環不已。

9 六祖慧能的見道之言

禪宗六祖慧能在未授衣缽以前，曾經對江州別駕張日用居士說：「一個人想要成就無上的菩提大道，必須先做到不可輕視初學佛法的人。往往最下等的人，有最上乘的智慧。反之，那些自以為是最上等的人，卻往往因為驕狂自大，而埋沒了自己的智慧。」六祖慧能在未開悟之前，就已經體會到人人都有佛性，禪宗稱為自性。

慧能大師是天縱英才，曠世奇才，稟賦特優，他所說的實在是「見道之言」，和中國古典群經之首的《易經》所說謙卦的義理若合符節。

《易經》六十四卦中，自始至終都是吉或無不利的卦只有一個卦，那就是謙卦。一個已經悟道的人，不論是內心或行為，都會自然流露出謙虛、謙卑、謙讓、謙和的心靈風景與行為特徵。悟道的人知道萬物都是來自於本源的「道」，所以萬物是平等的，沒有貴賤的差別。

10 儒、釋、道既高明又超越的玄思境界

老子「道」的性格具有無與有的雙重性，無是「道」的根本，有是「道」的作用。無與有來自於同一個根源，渾然為一，老子稱為「玄」。玄是中國本有的一個名詞，玄是黑，大海很深，才會看起來是黑色，《易經》形容天地為「天玄地黃」，因此玄具有深奧及奧妙的意涵。

無就是無，有就是有，白就是白，黑就是黑，A就是A，這就是所謂的同一律，是同一律就涵蓋矛盾律，意思是說一個東西就是它們本身，不能同時是有又是無，或同時是白又是黑。有就是有，無就是無，白就是白，黑就是黑，不能混淆，這就是典型的邏輯思考。邏輯思考只是一般的思考，沒有境界可言，不能稱為「玄」。

玄思是最高的思考，玄學是最高的學問。中國魏晉時代將《易經》、《老子》、《莊子》三書稱為「三玄」，三門深奧的學問。老子說「道」的有無為「同謂之玄」，同是指根源上的渾同，從「道」根源的渾同面來看，是無而非無，是有而非有，亦即說他是無時，他又是有，說他是有時，他又是無。換句話說，有無是不二，

也是不一。佛學《心經》稱為「色即是空，空即是色，色不異空，空不異色。」《易經》稱為「陰即是陽，陽即是陰，陰中有陽，陽中有陰。」這樣的思考才是玄思，才有玄的境界。

儒家有儒家的玄思，佛家有佛家的玄思，道家有道家的玄思，三家的玄思不是同一個系統。儒家的玄思可以透過《易經》及《易傳》來了解，道家的玄思可以透過《道德經》及《南華經》來了解，佛家的玄思可以透過《心經》及《金剛經》來了解。

儒家的玄思是從掌握到《易經》的核心概念「幾」來展開的，《易經》代表儒家的玄思是表現在象數與義理上，「幾」就是從象數中啟發出來的。象數與義理有如鳥的雙翼，息息相關，缺一不可。「幾」是動之微，要動還未動的時候。換句或說，「幾」是動而未形，也就是有無之間，說他是有，卻還未彰顯出來，說他是無，實際上已經是默默發動了。

道家的玄思是表現在「道」的性格的雙重性上，透過無而非無，有而非有展開出來的。「道」本身無形可見是無，但有形可見的萬物都是來自於「道」是有。萬物存在時是有，死亡後是無。萬物滅亡了是無，但使萬物產生而存在的「道」，雖然無形可見，卻永久存在，老子這樣形容：「有物混成，先天地生。寂兮寥兮，獨立而不改，周行而不殆，可以為天下母。吾不知其名，字之曰道。」獨立而不改就是獨立於天地萬物之上，永久不變。

11 儒、釋、道三家的共同心法

《易經》復卦的奧義就是「復見天地之心」，這六個字堪稱是儒、釋、道三家的共同心法。孔子在《繫辭傳》中說：「天下同歸而殊塗，一致而百慮」，永恆的真理必簡必易，攝萬歸一。

孔子說的「一致」，是致於哪裡？歸於哪裡？答案是致於一個真理，致於一個至道。同時也是歸於一個真理，歸於一個至道。

大道必然非常簡易，《易經，繫辭傳》首章就明白揭示：「乾以易知，坤以簡能，易則易知，簡則易從……易簡而天下之理得矣，天下之理得，而成位乎其中矣。」《易經》的核心觀念是易簡，易是簡易剛強的原理，指乾卦；簡是簡易柔順的原理，指坤卦。做為一個在天地之間存有者的我們，若能確實把握易簡這一對易經的核心觀念，就能從中領悟到天地的變化之道，而有助於我們找到自己明確的生命定位。

慧能的悟道真言是：「何期自性，本自清淨，本不生滅，本自具足，本無動搖，能生萬法。」「何期」二字，表示大道是如此簡易，真是出了誠心求法之人的意料之外。

12 什麼是每一個人的自家寶藏

馬祖問：「你來這裡想幹什麼呢？」慧海說：「為了求佛法。」馬祖說：「我這裡什麼也沒有，你來求什麼佛法呢？你本來有自家寶藏不顧，拋開家園，作客他鄉，又何必呢？」慧海說：「請大師回答我，什麼是我的自家寶藏呢？」馬祖說：「即今問我者，就是你的自家寶藏，一切自身具足，沒有缺少，又何必假諸外求呢？」

佛陀寂滅之前說：「當自求解脫，切勿求助他人。」這是佛陀的最後遺言，也是佛陀的最後訓示。禪學大師鈴木大拙也說：「沒有外力的救贖，如果有所謂的救贖，救贖也只有來自自己本身。」

《易經》頤卦初爻說：「捨爾靈龜，觀我朵頤。」靈龜象徵人的靈明自性，與生俱足。禪宗六祖慧能說：「何期自性本自清淨，何期自性本不生滅，何期自性本自具足，何期自性本無動搖，何期自性能生萬法。」

《易經》所說的「靈龜」與慧能所說的「自性」，就是每一個人的自家寶藏。

13 善財童子為什麼要五十三參

《易經》的謙卦談謙卑的道理，卦中六爻不是吉，就是利，可說是一路好到底。謙卑就像是一個空的杯子，別人就很歡喜把甘露倒進來。如果我們的言行能夠徹底做到謙卑，到時候受益的還是我們自己。

善財童子為什麼要五十三參？如果他不是懷著一個謙卑的心，怎麼可能會有超過五十三位善知識願意這樣的教導他呢？可見無論是學習，還是修練，謙卑都是最好的德行。

14 易經哲學的精髓是志命合一

人生一定有煩惱，有痛苦，沒有人可以避免。煩惱和痛苦是具有事實意義的真實，唯有承認並接受它的存在，人才有覺悟的契機，佛學稱為「煩惱即菩提」，菩提就是覺悟的智慧。

了解人的有限才能超越人的有限，就像了解人不是自由的，人才能真正的自由。自由的意義，用另一種說法，就是有無限的可能性。人只要隨時都能活在當下一念之間，不要被過去的種種執念所羈絆，也不要被未來不一定能實現的願望或理想所迷念，人就是自由的，孔子說：「我欲仁，斯仁至矣。」就是這個意思。

民間紫微斗數的命盤結構，不論是哪一宮的內容，實際上都與人們的日常生活息息相關，也都是我們所關切的層面。但是不管是先天的，還是後天的，我們都不要把它認為是命定的，是一成不變的靜態結構，其實這些因素都是動態的，不斷經由相互激盪的作用而改變中。

人一生中所有階段的際遇或成果，必然是各種因素的因緣際會所形成，不可能是由單一因素所決定，儒家希望我們處於生命過程中的任何境遇，都別忘了要「自求多福」。什麼樣的解決方案是有利的，事情的發展結果會怎樣，怎麼做可以帶來正面的價值，可能的出路在那裡，都要用心思考，用智謀劃，這叫做「謀事在人」。雖然這樣做也不一定能完全掌握在自己，但至少可以改變一些，其他的就秉持「成事在天」的態度，隨順承受就好了。這樣做才是《易經》太極思維，志命是既對立又統一的關係。

「志」指人的主動性與能動性，或叫做主觀意志；「命」指客觀形勢的變化發展，或叫做客觀世界。志是能認識的主體，命是被認識的客體，兩者之間的關係是互為條件且互為限制的辯證關係。譬如一個有智慧的人，當他面臨困境時，內心會沉著淡定，不會急於脫困，反而是耐心的等待。在等待的過程中，並不是毫無作為，首先他會先評估困境造成的原因，以及困境的艱難與複雜程度，看看是不是可以脫困。如果能夠先對困境的狀況做充分的瞭解，同時利用這段時間完成自己脫困的相關條件，及靜待情勢的改變，這樣不只做到認識和順應客觀形勢，同時也凸顯了主體的能動性，這就是易經哲學的精髓，稱為「志命合一」。

15 俗語「缺角」蘊藏深刻哲理意涵

當爸爸或媽媽用閩南語唸自己的兒女：「你缺角啊！」在缺角的形象語言背後，其實是蘊含有哲理意涵的。

缺角代表不圓了，圓是圓滿的先天德性，或良知，《易經》稱為元亨利貞。每一個人先天而有的元亨利貞，就構成一個圓，屬於存有論的範疇。因為受到後天環境的引誘而汙染，內心產生事障與理障時，就不圓，而有缺角了。事障佛教稱為煩惱障，理障佛教稱為知識障，煩惱障會產生憂鬱痛苦，知識障會形成成見、偏見與執著。人一旦煩惱不斷，執著不通，就會離先天的性善本真之德愈來愈遠。唯有透過功夫修練及智慧覺悟，才能補足缺角，再度成為一個圓。

圓是圓滿無缺，智慧具足的意思。佛教對高僧大德過世時，尊稱為「圓寂」。圓指智慧功德具足，寂指不生不滅，這兩個條件加起來，就表示已經恢復先天圓滿的太極狀態。

16 君子是儒家標準的人格典型

儒家的人生境界從士開始，士心為志，庶人一旦立志就成為士，然後就開始走在道德修行的路上，展開人生的境界。因此，《論語》說：「士不可以不弘毅，任重而道遠。」弘相當於《易經》坤卦的含弘光大，毅相當於《易經》乾卦的自強不息。

儒家士的上一層境界就是君子，君子是儒家標準的人格典型，整個儒家思想的重心就在於展現自覺的君子人格。君子是進一步邁向大人境界或聖人境界的起跑點，孔子就是君子的典型與典範。

君子的境界可以提升到大人及聖人的境界，但所有已經完成的道德境界，在走完生命的終點以前，都有可能退轉，重新來過，所以孔子說：「若聖與仁，則吾豈敢。」

因此，在修行的過程中，我們必須要求自己有自強不息，苟日新，日日新，又日新的態度，才能避免道德境界的退轉。

17 什麼是儒家進入修德的門檻

什麼是儒家進入修德的門檻？簡單來講就是《詩經》「衣錦尚絅」四個字，意思是在美麗的華服外面，再加件麻布衣。衣錦尚絅是一種比喻的用法，是收斂自重的意思。

《詩經》衣錦尚絅的收斂自重，相當於《易經》謙卦的精神與作為。謙卦的卦辭說：「謙，亨，君子有終。」謙卦的第一爻立刻呼應卦辭，說：「初六，謙謙君子，用涉大川，吉。」一個謙而又謙的君子，他的人生可以冒險犯難，履險如夷，稱為「用涉大川，吉」。

《中庸》說：「君子的作風看似黯淡、低調，結果卻是日益彰顯。反之，小人的作風看似亮麗、高調，結果反而日益消失。」

君子以修德為主，所以作風平淡，溫和，而不討人厭。君子生活簡單，文采盎然，並條理井然。

18 符合中道的誠信

現代歐美國家根深柢固的正直誠信的價值信仰，是緣自於中古騎士精神，大致上沒有偏離《甲溫與綠騎俠傳奇》（*Sir Gawain and the Green Knight*）的故事。《中庸》、《孟子》以及《易經》的中孚卦都強調誠信，孟子說：「思誠者，人之道也。」《中庸》說：「誠之者，人之道也。」中孚卦的「孚」字，就有誠信的意涵。孚字上爪下子是母鳥孵蛋之象，中孚卦的卦形上下四個陽爻象徵堅實的蛋殼，中間二個陰爻象徵蛋黃蛋白，是孕育新生命的地方。

中孚強調符合中道的誠信，誠信固然可貴，但如果死守誠信，背離時中之道，反而會招來災禍。孔子說：「言必信，行必果，硜硜然小人哉！」孔子又說：「君子之於天下也，無適也，無莫也，義之與比。」孔子這種無可無不可的態度，並非沒有原則，而是以合不合義，合不合宜，做為行動的依據。對於不問是非，堅持己見，不知變通的誠信，孔子認為這是小人的作為。

一百多年後的孟子更回應說：「言不必信，行不必果，惟義所在。」孟子所依據的「義」與孔子所依據的「義」意思貫通。孔子所說的「義之與比」也與孟子所說的「惟義所在」意思完全相同，就是凡事都以「時宜」為最高考量。

在《論語》一書中，有子也說：「信近於義，言可復也。」如果約定而合宜當然應該兌現，如果約定已經不合宜，就不必堅持守信了。換句話說，當時空條件已完全改變，個人的狀況也已完全改變，也就是說，主客觀的條件都已經發生重大變化，使履行誠信變成不合時宜，或存在風險，此時若仍堅持信守當初的承諾，言信行果，只是因為內心過度在乎誠信的虛名，就變成迂腐冥頑了，這也不是《易經》中孚卦真正的意涵。所以中孚卦上九爻爻辭說：「翰音登于天，貞凶。」翰音登於天就是過度在乎虛名，不切實際的意思，當然會得到凶禍的結果。

19 能清貧也能清富

古代人經濟條件不好，物質生活相對貧乏，但他們有「清貧」的思維。所謂清貧的思維，就是即使生活貧窮，物質匱乏，內心仍能清淨，因此還可以做到知足常樂。

反觀現代人經濟發展的條件好。物質生活相對富裕許多，但很多人還是不快樂，原因當然很多，但有一個和古代人不一樣的原因是現代人內心普遍不能清淨。也就是說，現代人沒有「清富」的思維。無止盡的物質享受，物欲橫流，使現代人的內心混濁、複雜、沾染，心思無法單純，內心雜質太多，這些雜質每天都還來不及沉澱、清淨，新的雜質、沾染又產生，日復一日愈積愈多，內心離清淨也就愈來愈遠了。現代人永遠欲求不滿，如何能做到知足常樂。

《易經》六十四卦的排序，有其因果關係，也有其邏輯關係。例如一個人將生活重心都擺在比卦，只是對外利益的結合或結盟，這樣充其量只能帶來後面經濟富足的小畜卦。一個人如果將生活重心放在智慧的覺悟上，心性的修練上，像无妄卦一樣，做到真誠不欺，才能帶來後面精神富足的大畜卦。

由此可知，一個人的快不快樂，知不知足，不全然在於物質的豐富與否，或物欲的滿足與否，內心的單純、清淨，才是精神愉悅的主要關鍵。貧能清貧，富也能清富，才是現代人不用吃藥就能重新找回精神富足、內心快樂的天醫妙方，《易經》的專門術語稱為「勿藥有喜」。喜是疾、惑、疑的相反字。心疾痊癒了，《易經》稱為「有喜」，迷惑解除了，也稱為有喜。疑心消除了，也稱為有喜。轉疾為喜，轉惑為喜，轉疑為喜，都是《易經》大智慧用於療癒的靈丹妙藥。

孔子在《論語．季氏》說：「見善如不及，見不善如探湯。吾見其人矣，吾聞其語矣。隱居以求其志，行義以達其道。吾聞其語矣，未見其人也。」孔子的意思是說：「看到別人的好處，要急起直追，好像害怕趕不上似的。看到別人的壞處，遠遠就要避開，就像用手去試探熱湯，惟恐避的不夠快似的。我看過這種人，也聽過這種話。但對於能夠做到『避世隱居以成全自己的心志，出仕行義以達成自己的理想。』我聽過這種話，卻沒有見過這種人。」孔子感歎隱居以求其志，行義以達其道的人很少。

其實一百多年後的孟子也說過：「窮則獨善其身，達則兼濟天下。」《易經》談積弊叢生的蠱卦，在最後一爻的上九說：「不事王侯，高尚其事。」孔子在《小象傳》詮釋說：「不事王侯，志可則也。」孔子本身就是不事王侯，高尚其事的典範。

20 反求諸己與安於當下

孟子說：「行有不得者，皆反求諸己。」君子行事失敗，首先要檢討自身的原因。孔子也說：「射有似乎君子，失諸正鵠，反求諸其身。」君子如果射箭未中靶心，只能檢討自身的技術問題，不能責怪外在的原因。

《中庸》一書上說：「君子無入而不自得焉。」《易經》艮卦《大象傳》說：「君子以思不出其位。」在《論語》中孔子也說：「不在其位，不謀其政。」都有異曲同工之妙，可見孔門思想真是前後一貫。

君子之所以能無入而不自得，那是君子知道隨順的道理，能夠安於當下，在什麼位置，就做什麼事。

21 操則存，舍則亡

《易經》復卦所揭示的道理即是傳統《尚書》所謂的「道心惟微」，惟微的道心，孟子稱之為「本心」、「良心」、「四端之心」，而王陽明則稱之為「良知」。《易經．繫辭傳》說：「復，德之本也。」回復本心是一切德行的根本。復卦一陽復始，見天地之心，也就是見道心、見本心。本心是人性中的一點善幾，孟子引述孔子的話說：「操則存，舍則亡。」保持它就能存在，放棄它就會亡失。

孔子讚嘆顏淵「其心三月不違仁」，後世尊稱顏淵為「復聖」，可謂實至名歸，絕非浪得虛名。

22 參贊天地之化育

《易經》每一個卦都是天、地、人三才的組合，因為儒家思想希望人的造化功能與天地一起運轉。

有智慧有德行的聖人，知道天地是一個流轉變化的過程，就像春夏秋冬四時的運行一樣，這是一種自然的規律，不但不能去破壞，而且還要去促成，使它變得更為順利，叫做「參贊天地之化育」，如春耕、夏耘、秋收、冬藏，就是與天地同流。

《易經》泰卦《大象傳》說：「天地交泰，后以財（裁）成天地之道，輔相天地之宜，以左右民。」无妄卦《大象傳》說：「天下雷行，物與无妄，先王以茂對時，育萬物。」都是聖王參贊天地化育的具體作為。

孟子說：「君子所過者化，所存者神，上下與天地同流。」聖王經過的地方都會感化百姓，聖王內心的境界，就一般人而言是神妙莫測的。

23 不可與入堯舜之道

一個沒有真誠而鄉愿的人，即使經過孔子的門前而不入內請教，孔子也不會覺得遺憾。因為他就是一個沒有真誠心的人，隨俗浮沉，迎合風潮，並且傷害了道德。

堯舜之道是要求我們成為君子，成為聖人，亦即要求我們每個人每天都要修練增加一點點德行，而且不能中斷，好還要更好。這種高度自覺而警覺的人，他的要求是在內而不是在外。堯舜之道就是每天要問自己我的德行有沒有比昨天更進步一點。一個高度自覺的人，也就是一個高度警覺的人，這是一個很不容易的挑戰，需要高度的關注自己，並且不斷的實踐才行。

由此可見，儒家思想的精彩就在於自強不息，不能鬆懈，不能懈怠，過程中雖然有壓力，仍然可以自得其樂。《易經》乾卦《大象傳》說：「天行健，君子以自強不息。」就是這個意思。

快樂從何而來？由內心自己產生，所以孟子說：「萬物皆備於我矣，反身而誠，樂莫大焉。」孟子的意思是我的內心無所欠缺，已經圓滿了，一個高度自覺的人的生命是圓滿的，內心是無缺的，叫做「萬物皆備於我矣」。

人生有很多的東西其實是可有可無，可多可少，完全在於自己的一顆心是否知足。每當反省自己的時候，都覺得自己內心是真誠的，那就是人生無限的快樂，最大的快樂，無可比擬的快樂。所以孟子說：「反身而誠，樂莫大焉。」

24 君子做事嚴謹，做人謙和

一個經過傳統經典薰陶過的人，大致上都會有做事嚴謹，做人謙和的特質。這種特質不只是人才的概念，更是人品的元素，用現在流行的語言叫做「軟實力」。

孔子強調中行，《中庸》強調中和，《易經》的上上之卦為謙卦，可見傳統經典都在教人中庸謙和處世的道理。

有人品的人知道做事要適可而止，恰到好處，無過與不及。有人品的人知道做人要不卑不亢，謙沖為懷，不要強出頭，也不要硬骨頭。

簡單一句話總結，君子做事不馬虎，做人不過分。

25 遯世而無悶的君子

孔子在《論語》中說：「人不知而不慍，不亦君子乎！」又說：「不患人之不己知，患不知人也。」在《文言傳》中，孔子對乾卦初九潛龍勿用的詮釋也是同一個理路，孔子說：「具有龍的德行而沉潛的君子，不會為了世俗而改變自己，也不會為了名聲而有所作為，遯世而無悶，不見世而無悶。」由此可見孔子思想的一貫性。

君子不會太在意是否為人所知，只怕自己能力不夠。一個人要做到遯世沉潛而無悶，真的是非常非常的不容易。諸葛孔明號稱臥龍先生，絕不是浪得虛名，臥龍就是《易經》乾卦初九潛龍的意思。

在歷史上生不逢時，懷才不遇的人太多了，往往成為英雄豪傑內心暗自的怨嘆。但是聖人如孔子、孟子，也都生不逢時，也都懷才不遇，但為什麼他們都不會有不能用世的失落，也不會有懷才不遇的怨嘆，這就是聖人內在修為的境界，非一般凡人所能企及。

權力總是使人腐化，在世間愈得意、愈順遂、愈成功的人，反而更容易迷失了人生的大道，喪失了自己的本真。

26 厚道與聰明總難兼顧

古往今來聰明的人往往不夠厚道，厚道的人又不夠聰明，厚道與聰明常常是一個矛盾的辯證。

聰明的人太為自己著想，因此無形中漸漸變的自私自利而不知，於是失去厚道之心。反之，厚道的人心地善良，處處為別人著想，久而久之容易被人欺騙而變得不夠聰明。

孟子稱讚孔子是「聖之時者」，是聖人當然夠厚道，因為孔子主張仁者愛人。是時者表示孔子能與時俱進，不拘泥頑固，當然是夠聰明。孔子既厚道又聰明，是以能成為萬世師表。

《易經》卦象中，象徵厚道的卦象是坤卦，坤為大地，具有包容的精神，所以孔子詮釋為「厚德載物」。象徵聰明而能夠靈活權變的卦象是巽卦，巽為風，無孔不入，隨順適變。一個人同時擁有坤的德行及巽的智慧，即是又厚道又聰明，這樣的人自然能夠己立立人，己達達人，就像聖人孔子是個厚道又聰明的典範。

27 《易經》的核心道理

孔子在《易經．繫辭傳》中說整部《易經》的核心道理就是：「懼以終始，其要無咎，此之謂易之道也。」意思是說《易經》是在教人隨時都要有憂患意識及戒懼之感，這樣才能避免災難，這就是《易經》的道理。

「無咎」在《易經》經文不只是沒有災難的靜態意思，孔子在《易經．繫辭傳》中將「無咎」解釋成「善補過」的動態意思。《易經》作者認為無咎最重要，因為所有的吉凶禍福都只是暫時的狀態，會互相轉化而變動不停。依據《易經》物極必反的道理，吉過頭了就會變凶。

所謂「平安就是福」也就是來自《易經》無咎的道理，人只要能過著天天無咎，沒有災難的生活，應該會比大起大落的生活來得幸福。西方諺語不是也說：「沒有消息，就是好消息。」人同此心，心同此理，只要是人，不論是東方人，或西方人，都希望人生沒有災難。

28 觀點轉化的療癒效果

一個人只有當他能放下執著與渴求，單純的覺察與接納外在當下所呈現的一切樣貌，也接受自己當下的樣貌，同時接受生命過程中的一切發展，透過這樣的深層接納，一切都隨順，將會給自己帶來身心的健康與智慧的源泉。

《易經》以火水不交的未濟卦作為六十四卦的最後一卦，象徵大自然與整個人生都不是圓滿的。因此，以追求圓滿的美麗希望，來面對不圓滿的人生，是每一個人共同的課題。

從事輔導工作時，如何能夠透過氣氛的營造以及引導的技巧，幫助對方啟動自己內在的資源非常重要，只有這樣，對方才能從內在真正產生解決問題的智慧與能力。

如果真正能夠領悟道家的智慧，就能明白其實圓滿整體的體驗，才是療癒的基礎。療癒不是治療疾病，而是轉化觀點，是一種觀點的轉化，意即是體悟自己內在固有的圓滿整體，同時體悟自己與「道」的連結。「道」是究竟真實，想不到也看不到，只能靠覺悟而知。孟子不是也說：「萬物皆備於我矣，反身而誠，樂莫大焉。」我們的真君或自性，其實是自足圓滿的，何缺之有！

29 中國古代的學問又叫做中國功夫

一個人如果想要了解事情的真相，首先必須要有一顆開放的心靈。一個心靈閉塞的人，是不可能看透事情的真相的，就像「悶」字一樣，門裡面有一個心，是人自己把他的心關閉起來，心被關閉起來就會悶悶不樂，愈悶悶不樂，心靈就愈閉塞，久而久之，就形成交互影響的惡性循環。

心靈開放後，再來就要訓練自己擁有清靜心，心清靜就像明鏡一樣，可以如實照現萬象。有了清靜心以後就要再訓練自己隨時保持平常心。所謂平常心，換一個角度來說，就是沒有得失心，一切順其自然。

有了開放的心、清靜的心、平常的心，接著就要訓練自己擁有一顆穩定的心，才不會受外物的影響而心浮氣躁，妄動而招致災厄臨身。

因為人生充滿艱險和阻礙，所以也要訓練自己擁有一顆變通的心，才能打通關節，度過險難。孔子在《易經．繫辭傳》中，教我們「窮則變，變則通，通則久」的道理，就是在啟示我們要培養變通的能力。

因為講究身體力行及實際驗證論，所以中國古代的學問又叫做中國功夫。《論語》一書開頭第一句話就說：「學而時習之，不亦說乎！」所謂「時習」，不是時時複習的意思，因為沒有人會因為時時複習而感到愉悅，這樣的解釋實在不符合生活經驗。

「時習」的重點在「時」，是指適當的時機，平日所學，在適當的時機檢驗一下自己的功夫，看看所學的有沒有學的很到位，能不能應用的游刃有餘，且所學的東西有沒有符合現實經驗，如果以上都有的話，喜悅之情必然由衷產生。

譬如，孔子的仁道就展現在《易經》的履卦、謙卦、咸卦及有孚卦四個卦上。履卦有禮節、義理、實踐、以柔克剛及謹言慎行的深刻意涵。謙卦有謙虛、謙卑、謙讓、虛懷若谷及兼顧別人想法等深刻意涵。咸卦是無心的感應，孔子說：「以虛受人」，人如果內心已經被先入為主的成見及偏見占滿，就不是無心，就很難有同理心，就不可能以虛受人，和別人相互感應交流。有孚卦兼有內心真誠及外在誠信的雙重意涵。

綜合以上四個卦的意涵，大體上就可以詮釋孔子一以貫之道：「仁」的內容。無論是履卦、謙卦、咸卦及有孚卦，都是有理念有實踐，知而能行，行而能知，表裡一致，知行合一。

總結，中國功夫包括開放的心、清靜的心、平常的心、穩定的心、變通的心、真誠的心、柔軟的心、謙卑的心……。這些都不是輕而易舉可以擁有的，所以需要功夫的修練。

30 《易經》所示的安身立命之道

易經哲學的目的在於幫助人們了解宇宙人生的道理，進而能安身立命，易經哲學的安身立命是建立在宇宙觀與人生觀的基礎上。

宇宙觀是在探索宇宙是如何形成的，宇宙的結構為何，宇宙是如何變動的。易經哲學的宇宙觀是一個變化的宇宙觀，認為宇宙是不停的在變化，稱為「變易」。變是指從一個狀態轉換到另一個狀態，一個卦就是代表一種狀態，這種狀態的轉換或變卦，是一個永不停止的過程。

面對宇宙不停的動態發展，我們的人生觀也要與時俱進的改變，不能陷在自己構建的框架中，而不知變通。人的人生觀不能只是靜態的存在，必須搭配動態的宇宙觀，做因應的調整及改變。

《易經》對於宇宙的解釋是這樣的：

一、宇宙間有一個永恆的原理，稱為道。孔子在《繫辭傳》中說：「形而上者謂之道，形而下者謂之器。」所謂「形而上」，是指超越時空，看不到，摸不著的存在。所謂「形而下」，是指在三維空間中，看得到，摸得著的存在物。這個形而上的道沒有名稱，所以「仁者見之謂之仁，智者見之謂之智，百姓日用而不知。」

二、這個道的作用是生，連續不斷的生，稱為「生生」。生是創生、創造的意思，所以孔子詮釋《易》的本質叫做「生生之謂易」。也即是說易道的本質就是生生不息。

三、這個道可以有三個方面的性質，天之道稱為陰陽，地之道稱為剛柔，人之道稱為仁義。

四、宇宙是不停的在變，變的規律是一陰一陽，一闔一闢，像鐘擺原理一樣，從這一端擺到另一端，再從另一端擺回這一端。以具體的自然現象來說，從陰寒的冬天變成陽暑的夏天，再從陽暑的夏天變成陰寒的冬天，如此循環不已。以人的生死現象來說，是從出生變成死亡，再從死亡變成出生，如此循環不已。以人以外的萬物來說，是從成變成住，住再變成壞，壞又變成空，然後從空再變，又是成住壞空，如此循環不已。所以《易經》的宇宙觀就是變化的宇宙觀，否極會泰來，泰極也會否來。《易經》作者認為我們人若不能了解宇宙人生的道理，就會墮落到兩個極端，而無法平衡。

既然我們人是處在不斷變化的宇宙中，人事物也不斷在變化，陰了又陽，陽了又陰。吉了又凶，凶了又吉。得了又失，失了又得。人應該如何才能安身立命？才能自處處變呢？《易經》所提出的處方是：一、勝不驕，敗不餒。二、處變以正，正指依理順勢，適時變通，見幾而作。換句話說，正就是做理所當然的事，做勢所可能的事，對於進退、存亡、得失的拿捏，都是以正不正做為取捨的準則。例如處於否卦天地不交，小人當道的黑暗時代，做為一位君子，就要明白守正的道理。此時不是有所作為的適當時機，所以《易經．大象傳》啟示君子要儉德避難，不可榮以祿。儉德就是處於否卦的應變正道，儉德就是節制的行為，不可榮以祿就是不能有貪圖官位俸祿等虛名的想法與作為。

國家圖書館出版品預行編目資料

每天一堂易經課：180則心流靜心的人生智慧／吳進輝著. -- 臺北市：商周出版，城邦文化事業股份有限公司出版：英屬蓋曼群島商家庭傳媒股份有限公司城邦分公司發行, 2023.12

面； 公分

ISBN 978-626-390-007-3（平裝）

1.CST：易經 2.CST：人生哲學

121.17 112021695

每天一堂易經課：
180則心流靜心的人生智慧

作　　者／吳進輝
編　　輯／黃筠婷

版　　權／吳亭儀
行銷業務／林秀津、周佑潔、賴正祐
總 編 輯／程鳳儀
總 經 理／彭之琬
事業群總經理／黃淑貞
發 行 人／何飛鵬
法律顧問／禾元法律事務所　王子文律師
出　　版／商周出版
115 台北市南港區昆陽街 16 號 4 樓
電話：(02) 2500-7008　傳真：(02) 2500-7579
E-mail：bwp.service@cite.com.tw
發　　行／英屬蓋曼群島商家庭傳媒股份有限公司城邦分公司
115 台北市南港區昆陽街 16 號 8 樓
書虫客服服務專線：(02) 25007718・(02) 25007719
24 小時傳真服務：(02) 25001990・(02) 25001991
服務時間：週一至週五 09：30-12:00・13：30-17:00
郵撥帳號：19863813　戶名：書虫股份有限公司
讀者服務信箱 E-mail：service@readingclub.com.tw
城邦讀書花園 www.cite.com.tw
香港發行所／城邦（香港）出版集團
香港九龍土瓜灣土瓜灣道 86 號順聯工業大廈 6 樓 A 室
電話：(852) 25086231　傳真：(852) 25789337
E-mail：hkcite@biznetvigator.com
馬新發行所／城邦（馬新）出版集團【Cite (M) Sdn. Bhd】
41, Jalan Radin Anum, Bandar Baru Sri Petaling,
57000 Kuala Lumpur, Malaysia.
電話：(603) 90563833　傳真：(603) 90576622
E-mail：services@cite.my

封面設計／徐璽　　內文設計排版／唯翔工作室
印　　刷／韋懋實業有限公司
總 經 銷／聯合發行股份有限公司　電話：(02) 2917-8022　傳真：(02) 2911-0053
地址：新北市新店區寶橋路 235 巷 6 弄 6 號 2 樓

■ 2024 年 1 月 18 日初版
■ 2024 年 4 月 23 日初版 1.6 刷

Printed in Taiwan

城邦讀書花園
www.cite.com.tw

定價：380 元

ISBN：978-626-390-007-3